DESCUBRA *sua*
MENSAGEM *e*
multiplique
SEGUIDORES

DESCUBRA *sua* MENSAGEM *e multiplique* SEGUIDORES

SEGREDOS DA COMUNICAÇÃO DE SUCESSO

DANIEL BRUNET

Vida

Editora Vida
Rua Conde de Sarzedas, 246 – Liberdade
CEP 01512-070 – São Paulo, SP
Tel.: 0 xx 11 2618 7000
atendimento@editoravida.com.br
www.editoravida.com.br

©2021, Daniel Brunet

Todos os direitos desta obra reservados por Editora Vida.

Proibida a reprodução por quaisquer meios, salvo em breves citações, com indicação da fonte.

Todos os grifos são do autor.

Scripture quotations taken from Bíblia Sagrada, Nova Versão Internacional, NVI ®.
Copyright © 1993, 2000, 2011 Biblica Inc.
Used by permission.
All rights reserved worldwide.
Edição publicada por Editora Vida, salvo indicação em contrário.

Editor responsável: Gisele Romão da Cruz
Editor-assistente: Amanda Santos
Preparação de texto: Josemar de Souza Pinto
Revisão de provas: Andrea Filatro
Diagramação: Claudia Fatel Lino
Capa: Arte Vida

Todas as citações bíblicas e de terceiros foram adaptadas segundo o Acordo Ortográfico da Língua Portuguesa, assinado em 1990, em vigor desde janeiro de 2009.

1. edição: set. 2021
1ª reimp.: out. 2021

Dados Internacionais de Catalogação na Publicação (CIP)
(Câmara Brasileira do Livro, SP, Brasil)

Brunet, Daniel
 Descubra sua mensagem e multiplique seguidores / Daniel Brunet. -- São Paulo, SP : Editora Vida, 2021.

 ISBN 978-65-5584-239-5
 e-ISBN 978-65-5584-240-1

 1. Comunicação - Aspectos religiosos - Cristianismo 2. Influência 3. Jesus Cristo - Ensinamentos I. Título.

21-76381   CDD-261

Índices para catálogo sistemático:

1. Comunicação : Aspectos religiosos : Cristianismo 261
Eliete Marques da Silva - Bibliotecária - CRB-8/9380

A Jesus, meu início e destino.

Aos meus pais, Dario e Fani,
que me apresentaram o Caminho,
a Verdade e a Vida.

Aos meus irmãos, Tiago e Marcos,
meus grandes incentivadores
e melhores amigos.

À editora Vida, por ter
confiado neste projeto.

Dedico este livro à minha mãezinha,
Fani Brunet,
que vibrou muito quando contei que
o estava escrevendo e o lançaria em breve.

A capa verde é linda.
É a cor da esperança. E é também
a preferida da mamãe.

SUMÁRIO

Prefácio 9

Introdução 11

capítulo 1
RUMO 15

capítulo 2
AUTORIDADE 37

capítulo 3
BASE 83

capítulo 4
INFORMAÇÃO 105

Conclusão 133

PREFÁCIO

Jesus era 100% Deus e 100% homem. E o livro *Descubra sua mensagem e multiplique seguidores* joga luz sobre um dos lados mais bem-sucedidos do "Jesus homem": o de comunicador.

As palavras ditas há mais de dois milênios, num tempo em que não havia redes sociais nem pessoas filmando cada segundo, permanecem acesas no dia a dia de bilhões de pessoas do mundo de hoje. O que ele comunicou no século I virou filosofia de vida para homens, mulheres e crianças dos cinco continentes da Terra. Nenhum nome é mais conhecido no Planeta do que o de Jesus. É fantástico perceber que ele comunicou quem era e que veio com ferramentas que todo ser humano, como eu e você, podem usar. Muito do que sabemos de comunicação hoje, Jesus já fazia antes mesmo de a prensa ser inventada, muito antes de os livros de *storytelling* serem escritos.

Jesus é mestre, o maior de todos os mestres. Exemplo em tudo e também na forma de comunicar uma mensagem.

Além de relembrar grandes momentos da vida de Cristo, o nosso Salvador, o leitor deste livro vai aprender o que ele fez para que suas lições fossem ouvidas e absorvidas pelas multidões.

Vai entender como um homem que começou com apenas 12 seguidores conquistou o mundo.

Descubra sua mensagem e multiplique seguidores é daqueles livros para a gente ler e consultar sempre que possível. Pois é sobre o Rabi, o Filho do Homem, o Maior de Todos.

E aprender com Jesus é o caminho. O único caminho.

Deive Leonardo
YouTuber com o maior canal cristão de pregação individual do mundo.

INTRODUÇÃO

Foi caminhando por uma cidade do Oriente Médio, em novembro de 2018, que, finalmente, entendi quem é o maior comunicador de todos os tempos. Eu estava com meu irmão Tiago Brunet, e conversamos muito sobre essa "descoberta". A cidade é Cafarnaum e fica às margens do mar da Galileia, em Israel. Foi lá que, dois mil anos atrás, um jovem pobre começou a divulgar sua mensagem. O lugar não foi escolhido à toa. Esse homem era de Nazaré, cidade muito pequena e sem importância para o país. Ele sabia que, para ter seguidores e influenciar pessoas, suas palavras tinham que romper os limites daquele vilarejo. Foi então que escolheu Cafarnaum, pois lá havia um posto de alfândega, era perto da principal rota comercial da região e todos os dias muitas embarcações chegavam e saíam.

Sou jornalista, trabalho e estudo o ramo há mais de vinte anos. Fiquei impressionado ao perceber que a forma como aquele homem de Nazaré se posicionava era o ponto de partida de sua poderosa estratégia de comunicação. Ele "era" e comunicava o que "era".

Aquele homem divulgou suas ideias em meio ao vaivém de pessoas em Cafarnaum, e suas palavras, ditas de forma bastante particular, entraram nos ouvidos de viajantes, soldados e pescadores, que a pé, em animais ou em barcos iam para outras cidades. Em seus destinos, contavam a amigos e familiares o que tinham ouvido. A mensagem se espalhou feito rastilho de pólvora aceso e impactou o mundo. Esse homem admirável se chama Jesus.

Segundo pesquisas, em todo o mundo 2,3 bilhões de pessoas acreditam e seguem as palavras do Mestre atualmente. No Brasil, 86% dos moradores se declaram cristãos. Todas essas pessoas, bilhões delas, foram e são impactadas pelo que foi divulgado no século I. Dois mil anos depois de começar a falar em Cafarnaum, Jesus é a pessoa mais conhecida da terra; e fez tudo isso sem aparecer na televisão ou ter contas nas redes sociais. A razão de sua eficiência, ao lado da qualidade da sua mensagem, está na forma com que se posicionou, se preparou e divulgou suas palavras.

Os séculos passam sem conseguir alterar a necessidade e a vontade que temos de comunicar ideias, influenciar pessoas e ter seguidores. Isso vale para quem tem o que acrescentar à sua família, à vizinhança, ao seu país, ao mundo. Vale também para empresas e projetos. A pessoa que influencia um amigo ganha um aliado para sua causa ou movimento. O mesmo acontece com o projeto que influencia alguém. Isso é muito mais do que conquistar um cliente. O poder da comunicação faz homens e mulheres serem notados; e seus nomes ficam registrados, para sempre, na história.

INTRODUÇÃO

> O poder da comunicação faz homens e mulheres serem notados; e seus nomes ficam registrados, para sempre, na história.

Hoje em dia, para serem bem-sucedidos, muitos recorrem a qualquer técnica de persuasão que encontram pela internet. Testam as opções até encontrarem uma que dê certo. Quando conseguem, ficam felizes com o resultado, mas não por muito tempo. Pois, em grande parte dos casos, quem usa esses atalhos apenas cria uma aparência, e é muito difícil viver dessa forma.

Esse, definitivamente, não é o caso de Jesus. O que ele era estava completamente alinhado ao que comunicava. Para muitos, ele é o Filho de Deus e Salvador da vida. Para outros, ele foi um grande profeta ou um revolucionário perseguido por religiosos e condenado pelo Império Romano. Concordo com tudo isso, mas, quando estive em Cafarnaum e entendi o que Jesus tinha ido fazer naquela cidade, percebi que ele também merece outro título: o maior comunicador de todos os tempos.

Em muitos lugares do planeta, ele virou religião. Nenhuma mensagem é mais conhecida no mundo de hoje do que a que Jesus difundiu no século I, e ninguém tem mais seguidores do que ele.

Passei os últimos anos estudando e analisando a estratégia de comunicação de Jesus e a forma como ele enfrentou os desafios do dia a dia. Como o filho de criação do carpinteiro ficou conhecido em todo o país? Como um homem simples conseguiu formar um grupo de discípulos? Por que as pessoas ouviam as palavras dele e contavam para outras pessoas? Como o menino pobre se tornou um rabi, ou seja, um mestre e líder espiritual judeu? Por que as pessoas o seguiram?

O mais impressionante é perceber que a estratégia de comunicação e posicionamento do rabi faz sentido e funciona até hoje. A forma como Jesus se colocou diante do público e espalhou suas ideias deu, sem dúvidas, o pontapé para o surgimento das eficientes ferramentas de comunicação que conhecemos.

Com a ajuda da experiência que adquiri em cerca de vinte anos atuando como jornalista profissional e após intensos períodos de estudo, entrevistas e conversas com grandes comunicadores e estudiosos da vida de Jesus, consegui decifrar e colocar no papel o método do Mestre. Organizei todo o conteúdo para escrever este livro e compreendi que a comunicação mais inteligente do mundo depende de Rumo, Autoridade, Base e Informação: RABI.

Tudo isso está dentro da forma como o homem mais famoso de todos os tempos se comunicou. Ao ler as próximas páginas, você aprenderá como o Mestre difundiu suas ideias, influenciou pessoas, fez seguidores e se tornou o Maior Comunicador de Todos.

Daniel Brunet

capítulo 1

RUMO

"Foi aqui que tudo começou." Essas foram minhas palavras quando a ficha caiu. Eu estava em Cafarnaum, de frente para o imenso mar da Galileia, bem no meio de uma paisagem histórica e impressionantemente inesquecível. Na sinagoga, debaixo das árvores, nas ruelas, na beira do lago. Foram nesses lugares, nos quais eu estava vendo ou pisando, que Jesus começou a se tornar o homem mais conhecido de todo o mundo e de todos os tempos.

Foi ali que ele disparou sua mensagem e começou a influenciar gerações e gerações, nações e mais nações. O filho de Maria não contou com a sorte ou com um *insight*. Ele tinha um método de divulgação. Meus olhos de comunicador, então, percorreram a história do Messias, e meu faro de repórter mirou nos pontos-chave. Ao primeiro deles, chamo de **rumo**. Jesus tinha um bem claro, e você pode defini-lo respondendo a três perguntas:

- Quem você é?;
- O que você faz?;
- Para onde você está indo?.

Sabendo isso, você consegue traçar seus passos. Foi assim que o Rabi influenciou as pessoas. Mais para a frente, isso ficará claro, mas saiba que Jesus era sua própria mensagem. Ele era seu próprio projeto. Então, você pode responder a essas perguntas pensando em você ou no projeto que desenvolve ou quer desenvolver.

Quem você é?

Essa não é uma pergunta sobre quem você é "lá dentro do seu coração", sobre sua identidade interna. É sobre **quem sua imagem diz que você (ou seu projeto) é**, sobre quem você é nas redes, sobre o que você quer comunicar sobre você mesmo, sobre o que as pessoas veem em você. Jesus era filho de Maria, mestre e profundo conhecedor da Torá, e aprendeu a ser carpinteiro. No entanto, na hora de comunicar, ele disse: "Eu sou o caminho, a verdade e a vida. Ninguém vem ao Pai, a não ser por mim".[1] Portanto, de acordo com o livro mais vendido no Planeta, **ele é a ligação entre o homem e Deus, é o Salvador da humanidade**. Foi isso que ele comunicou quando esteve por aqui em carne e osso.

O que você faz?

Essa também não é uma pergunta óbvia. A resposta para ela deve ser sempre abstrata. Se fôssemos responder de forma óbvia, diríamos que o Nazareno curava as pessoas (mas não era médico), ensinava sobre as Escrituras (mas não era professor)

---

[1] João 14.6.

ou falava de Deus (mas não era líder da sinagoga). Ele fazia todas essas coisas (concreto), e todas elas são a "divulgação da boa-nova, o evangelho". O que Jesus fazia era **apresentar às pessoas uma saída deste mundo cruel e finito, oferecendo a salvação** (abstrato), e fazia isso falando na sinagoga ou na beira de um lago, curando dentro de uma casa ou na rua, realizando milagre numa festa de casamento ou no meio de uma multidão. Não importa o lugar ou o meio pelo qual fazia. Importa é que ele, com tudo isso, oferecia a salvação.

Para onde você está indo?

Feche os olhos e imagine como você (ou seu projeto) vai estar daqui a 10 anos, 30 anos, 50 anos, no fim da vida. Tente ver quem está do seu lado, como é sua família, sua empresa, seu reconhecimento. Olhe através do tempo e veja tudo o que você fez. É aí que está a resposta dessa pergunta. Tem a ver com **a construção da forma como as pessoas vão ver ou apresentar você a outras pessoas, tem a ver com a construção da sua marca pessoal ou profissional**. Conheço um jovem, por exemplo, que deseja ser conhecido daqui a alguns anos como o maior especialista em pediatria do país. Para isso, ele terá que conquistar vários objetivos: formar-se na faculdade, concluir a especialização, participar do conselho de pediatras, ser diretor de algum hospital de crianças, mostrar seu trabalho pelos meios de comunicação tradicionais ou das mídias sociais, ter determinado número de seguidores, escrever um livro etc. As possibilidades de objetivos são quase infinitas, e todas elas são como um quebra-cabeça, quando a gente monta, fica claro: essa pessoa é o maior especialista que tem por aqui nesse assunto.

As respostas às três perguntas anteriores definem a sua mensagem.

O rumo de Jesus era o céu. Para isso, ele tinha que morrer pela humanidade e, assim, salvá-la, para depois voltar para casa, o céu. E que objetivos ele foi conquistando nesse caminho? Vamos lá: começou a falar do que sabia, formou seu grupo de 12 discípulos, realizou milagres, confrontou religiosos, expulsou os vendedores ambulantes do templo, prometeu que voltaria, foi para a cruz e cumpriu a vontade de seu Pai.

Hoje em dia, quase todos têm redes sociais. Elas são o meio mais comum de contar às pessoas como você é, o que está fazendo ou sentindo.

Muitas pessoas se empolgam com uma ideia, mobilizam outras em torno de um projeto e, depois, acabam desistindo ou realizam algo que não tem nada a ver com o que nasceram para fazer. Outro erro é gastar fortunas, por exemplo, impulsionando postagens nas redes sociais antes de definir um objetivo, antes de decidir a meta para aquele anúncio. Isso acontece porque essas pessoas não entenderam o seu rumo. Definir um objetivo alinhado com sua mensagem é um importante passo para sua comunicação.

Por mais de quinze anos, trabalhei como repórter em jornais do Rio de Janeiro. Em uma das redações pelas quais passei, conheci uma editora incrível, muito competente e cheia de boas orientações e ideias. Ela carregava sobre os ombros a experiência de anos e anos de jornalismo. Então, sempre que eu podia, ia até ela pedir dicas e opinião sobre alguma matéria que eu queria fazer, e ela sempre me atendia.

> Definir um objetivo alinhado com sua mensagem é um importante passo para sua comunicação.

Tempos depois, o jornal em que trabalhávamos enfrentou uma crise e precisou demitir muitos profissionais. Para minha surpresa e de muita gente, essa editora estava na lista dos dispensados. Mas como pode? Ela é tão boa! Ninguém entendeu.

Acontece que ela deixou o jornal e foi ser professora universitária. Como continuamos amigos, pude ver que, anos depois, ela seguia extremamente feliz e realizada no novo emprego. Isso é raro, porque a maioria das pessoas que vi deixar o jornal ficava frustrada ao sair do emprego pelo qual tanto sonhara. Não, porém, essa editora. Ela estava feliz.

Sabe por quê? Porque o que ela faz não é apenas **editar matérias de jornal**; é **ensinar**. Ela era editora do jornal e orientava os repórteres. Dava ordens, cobrava retorno e ensinava. Ou seja, era professora de jornalismo e continuou sendo. Só mudou de contratante.

Lembre-se: a resposta para "O que você faz?" não é objetiva. Não pode ser objetiva. É sempre abstrata. Como disse, o que minha antiga editora fazia não era editar jornal, mas ensinar pessoas, e a mensagem dela está ligada a isso, ao ensino. A mensagem dela é que todos podem aprender e ser melhores.

Eu não sou apenas um escritor de livros, um jornalista ou um produtor de conteúdo. Sou alguém que compartilha conhecimento. As pessoas vão rotular você de várias formas, mas você precisa ter clareza para não confundir funções profissionais ou do dia a dia com a sua mensagem. Se eu sair de um emprego, mas continuar compartilhando conhecimento, seguirei feliz, pois isso está ligado à minha mensagem.

Agora veja esta história sobre rumo.

Certa vez, um advogado me procurou e pediu para que eu analisasse as redes sociais dele. Ele me disse que queria "esquentar as redes sociais, movimentar o perfil". Fiz, então, a mais básica das perguntas:

— Onde você quer chegar?

Ele ficou em silêncio. Depois de um tempinho, disse:

— Sei lá, quero ficar mais conhecido.

— Para quê? — insisti.

— Para mais pessoas me conhecerem...

— É seu único objetivo? — perguntei, já desconfiando de que ele não estava me contando tudo.

— Você sabe, né? A carreira de advogado tem muitas possibilidades...

Ao ouvir essa frase, comecei a entender melhor. Ele tinha um objetivo no meio das "muitas possibilidades". Após muita conversa, ele contou que tinha a intenção de se candidatar ao cargo de desembargador do Tribunal de Justiça. De tempos em tempos, abre-se uma vaga por meio do chamado "Quinto constitucional", um dispositivo jurídico que determina que 1/5 das vagas em alguns tribunais brasileiros seja destinada a advogados e membros do Ministério Público.

> Definir rumo não é apenas
> traçar metas. É alinhar quem você
> é ao que você faz e ao seu destino.

Quando isso ficou claro, planejar a comunicação ficou fácil. Era preciso encontrar espaços para ele na mídia e também criar conteúdo para "movimentar as redes". Ou seja, publicar informações mostrando que ele tinha as características necessárias para ser parte do Tribunal de Justiça, pois esse era o rumo que ele sonhava.

Definir rumo não é apenas traçar metas. É alinhar quem você é ao que você faz e ao seu destino. Muita gente não sabe como fazer, não tem a menor ideia do que quer ser "no futuro". Tudo bem. Contudo, se você quer um destino agradável, precisa ter uma direção.

Definir metas vai ajudá-lo a percorrer esse caminho. No entanto, se o que você é não combina com o destino que você sonha, há três opções:

— desistir;

— mudar o destino;

— ajustar quem você é.

Definindo quem é Jesus

No texto sagrado, temos clareza para dizer quem é Jesus e para onde ele estava indo. Em Lucas 1.30-33, quando um anjo aparece a Maria e anuncia que ela ficaria grávida, somos informados sobre quem ele é:

> Mas o anjo lhe disse: "Não tenha medo, Maria; você foi agraciada por Deus! Você ficará grávida e dará à luz um filho, e lhe porá o nome de Jesus. Ele será grande e será chamado Filho do Altíssimo. O Senhor Deus lhe dará o trono de seu pai Davi, e ele reinará para sempre sobre o povo de Jacó; seu Reino jamais terá fim".

Outra passagem bíblica, de algo que aconteceu trinta anos depois de Maria descobrir que ficaria grávida, recorre à metáfora para nos contar quem é Jesus e o que ele faz. Está em João 1.29: "No dia seguinte, João [Batista] viu Jesus se aproximando e disse: 'Vejam! É o Cordeiro de Deus, que tira o pecado do mundo!' ".

Naquele tempo, alguns animais, como o cordeiro, o mamífero que guarda semelhança com o cabrito, eram sacrificados no templo dos judeus para que os pecados das pessoas fossem perdoados. O ritual, que, hoje em dia, seria impossível de ser aceito no Brasil, era assim na Páscoa de Israel do século I: o pecador levava um cordeiro ao templo, e o sangue do animal era retirado e colocado em uma bacia. Em seguida, o sacerdote jogava um pouco dele na base do altar. Esse sangue representava o pagamento pelo perdão dos pecados das pessoas. Além disso, os rins e a gordura do animal eram queimados como parte da chamada "oferta de paz", forma de simbolizar a amizade entre Deus e o homem. Passado esse rito, o representante de cada família judia pegava o cordeiro, colocava sobre os ombros, levava para casa e preparava o jantar de Páscoa.

O costume de usar sangue de animal para perdoar pecados vinha da lei dos judeus, como mostra Levítico 5.5,6:

> "Quando alguém for culpado de qualquer dessas coisas, confessará em que pecou e, pelo pecado que cometeu, trará ao Senhor uma ovelha ou uma cabra do rebanho como oferta de reparação; e em favor do culpado o sacerdote fará propiciação pelo pecado".

Pois bem. Quando João Batista, um profeta daquele tempo, diz que Jesus é o "Cordeiro de Deus", ele está falando do destino do filho de Maria. Em Lucas 9.22, o próprio Jesus diz o que lhe acontecerá: "É necessário que o Filho do homem sofra muitas coisas e seja rejeitado pelos líderes religiosos, pelos chefes dos sacerdotes e pelos mestres da lei, seja morto e ressuscite no terceiro dia".

Essas informações nos ajudam a montar o quebra-cabeça imaginário que, quando pronto, nos mostra o rumo de Jesus. Quem conhece os textos bíblicos consegue ligar os pontos com facilidade: Jesus é o Filho de Deus, que foi sacrificado. O seu sangue foi usado para perdoar o pecado da humanidade, que agora tem acesso direto a Deus e direito à vida eterna. Ele ressuscitou no terceiro dia e foi para o céu.

Agora que temos mais clareza sobre quem é Jesus e qual é o seu destino, podemos entender melhor o sentido do que ele comunicou. Tudo está ligado ao seu propósito de vida, ao seu destino, ao seu rumo, à sua mensagem. Tudo.

A verdade é que Jesus não desperdiçou tempo. Em toda oportunidade que teve para falar algo, ele comunicou palavras ligadas à sua mensagem e ao seu objetivo. Por que as pessoas perdem tempo comunicando ou debatendo assuntos que não vão levá-las para onde sonham?

Você evitará muitos erros se aprender a definir quem você é, o que faz e para onde está indo.

No universo dos roteiros de cinema, temos o conceito do Monomito, definido pelo escritor americano Joseph Campbell (1904-1987), que estabelece uma estrutura para que a história seja contada e define bem o protagonista: ele é uma coisa e quer uma coisa.

Na vida, na comunicação, no dia a dia, queremos muitas coisas, não é mesmo? Mas, em grande parte dos filmes, os protagonistas são um só tipo de pessoa e buscam um só objetivo. Há décadas, o cinema produz filmes com esse conceito. Há décadas, as plateias se acostumaram, mesmo sem saber o nome do conceito, com o tipo de personagem talhado no Monomito.

Veja o caso do Super-homem, o personagem da DC Comics que virou filme, em 1978, pelas mãos do diretor Richard Donner. Ele é um extraterrestre com superpoderes que cresce na Terra e, no primeiro filme, tenta impedir que o vilão Lex Luthor exploda dois mísseis nucleares em cidades dos EUA. Ou seja, ele é um herói e quer salvar o mundo.

E Indiana Jones, a série de filmes de George Lucas e Steven Spielberg, que fez muito sucesso em todo o mundo com o ator Harrison Ford no papel principal? O personagem dr. Henry Walton, o Indiana Jones, é um professor de arqueologia e aventureiro. No primeiro filme, *Indiana Jones e os caçadores da arca perdida*, de 1981, o aventureiro é convocado pelo governo americano para tentar impedir que nazistas encontrem a arca da aliança, relíquia dos judeus. No enredo do longa, os nazistas acreditam que, com a arca em mãos, o exército deles seria invencível. Portanto, Indiana Jones, assim como o super-homem, é um herói que tenta salvar o mundo.

Vou dar um exemplo mais recente: *Vingadores: ultimato*, de 2019, dos diretores Anthony Russo e Joe Russo, considerado o filme de maior bilheteria do cinema em todo o mundo. Faturou quase US$ 3 bilhões. Nesse filme, os super-heróis tentam impedir que o vilão Thanos acabe com o Universo. Percebe a semelhança com Super-homem e Indiana Jones?

Pois é. Eles são uma coisa e querem uma coisa. Há décadas, os filmes são feitos com essa fórmula e seguem fazendo sucesso. O público consegue entender melhor quem é você e seu rumo quando você é "uma coisa e quer uma coisa".

Sei que é muito difícil definir isso, pois, realmente, temos muitas capacidades, habilidades distintas e queremos muitas coisas ao mesmo tempo. Isso também acontece com os personagens mencionados anteriormente. O Super-homem, por exemplo, trabalha como jornalista, é conhecido como Clark Kent e apaixonado por Lois Lane, mas tudo isso é secundário diante de seu rumo.

O mesmo acontece com Jesus. Ele aprendeu o ofício de carpinteiro, é um amigo incrível (a ponto de usar seu poder para ressuscitar Lázaro), um bom filho, é profundo conhecedor das leis judaicas (poderia ser professor), sabe curar pessoas.

Isso confronta um pouco o conceito de indivíduo, palavra comumente usada para representar uma pessoa. Cada um de nós é um indivíduo, correto? Só que indivíduo é, em uma de suas definições, aquele que não se divide. Isso não se aplica a nós. Somos, ao mesmo tempo, pais, mães, filhos, profissionais, torcedores de algum time, fãs de alguma banda. Somos muitos num só corpo, e cada um desses "eu" reage de uma forma, não é mesmo?

Por isso, na hora de comunicar, você precisa escolher, precisa tomar uma decisão. Comunicar é tomar decisões. **Quem você comunica que é? Quem você é nas redes?**

Jesus decidiu seguir o rumo que Deus lhe deu. Ele poderia ter mudado de direção. Afinal, é o Filho de Deus, não é? Poderia, tranquilamente, dizer: "Pai, afasta de mim esse cálice para sempre". Mas não. Nessa passagem famosa, ele diz: "contudo, não seja como eu quero, mas sim como tu queres" (Mateus 26.39).

Logo, por obediência ao Pai, Jesus escolheu seguir o rumo que tomou na terra e passou a comunicar sua mensagem como o Filho de Deus, do Cordeiro que tira o pecado do mundo, e ser o Salvador.

Quem você é, o que você faz e qual é o seu destino definem a sua mensagem.

Você sabe qual é a sua mensagem? Muitas pessoas não sabem. No fundo, acredito que elas não dedicaram tempo suficiente para pensar no assunto.

Se você não sabe qual é a mensagem que tem, então precisa "conversar consigo mesmo" por uns dias e identificar o que mais o motiva. Tem que ser algo duradouro. Não se deixe levar pelas modas do momento. Uma pista: o que você faz que lhe dá mais satisfação? Não estou falando de mais dinheiro ou mais fama, e sim de realização. Estou falando daquele senso de dever cumprido que vem depois que você faz algo.

Naqueles momentos, você pensa ou fala sozinho: "É isso mesmo. Não poderia ter feito melhor".

Pensou? Então... esse é o caminho.

O Rabi não teve dificuldade em saber qual era a mensagem dele. O próprio Deus contou o que ele precisava dizer. É o que nos diz João 8.26. Numa conversa com os fariseus, o filho de Maria diz: "Digo ao mundo aquilo que dele ouvi".

Visto que Jesus veio ao mundo como um bebê, igual a todos nós, fica a dúvida apenas sobre em que momento ele entendeu sua missão. Se na infância ou na adolescência. Uns acreditam que ele sabia "desde sempre". Ok. Contudo, o que nos importa entender é que ele precisou absorver essas informações e reconhecer que aquela era a mensagem dele. O Nazareno poderia ter rejeitado a missão, mas não foi isso que ele fez. Jesus se preparou, entregou a mensagem e multiplicou seguidores.

Definir quem você é, o que você faz e para onde está indo é fundamental para qualquer pessoa. Se você quer comunicar suas ideias, precisa resolver isso consigo mesmo. Caso você comunique as ideias de outra pessoa ou empresa, precisa que ela lhe responda a essas perguntas. Repito: é respondendo a essas perguntas que você terá clareza sobre qual é a sua mensagem.

> Definir quem você é, o que você faz
> e para onde está indo é fundamental
> para qualquer pessoa.

Agora, se você já sabe qual é a sua mensagem ou a do seu projeto, comunique isso na maior parte do tempo.

Quem as multidões dizem que eu sou?

> Certa vez Jesus estava orando em particular, e com ele estavam os seus discípulos; então lhes perguntou: "Quem as multidões dizem que eu sou?" Eles responderam: "Alguns dizem que és João Batista; outros, Elias; e, ainda outros, que és um dos profetas do passado que ressuscitou". "E vocês, o que dizem?", perguntou. "Quem vocês dizem que eu sou?" Pedro respondeu: "O Cristo de Deus".

Esse trecho bíblico, Lucas 9.18-20, é o ponto de partida para uma intensa e proveitosa aula de comunicação. O diálogo que há nele é uma das muitas bases que encontrei nos textos sagrados para afirmar que Jesus é o precursor de grandes e eficientes conceitos de comunicação que temos hoje. Sob a ótica da comunicação, podemos dizer que essa conversa que Jesus teve com alguns de seus discípulos é sobre o que chamamos hoje de *branding* pessoal ou marca pessoal. Se você é uma empresa ou projeto, seria algo relacionado ao posicionamento de marca.

A pergunta e as respostas deixam muitas lições e reforçam a importância de comunicarmos corretamente quem somos e para onde estamos indo.

Após a pergunta "Quem as multidões dizem que eu sou?", Jesus recebe três respostas:

1. Você é João Batista.
2. Você é Elias.
3. Você é um dos profetas do passado que ressuscitou.

João Batista e Elias foram profetas em Israel. Homens que dedicaram a vida a falar sobre Deus. João Batista era primo de Jesus e, portanto, foi contemporâneo dele. Já Elias, que é reverenciado em Israel até hoje, viveu cerca de novecentos anos antes de Cristo.

As três respostas estão erradas. Jesus não era nenhum desses. Quando essa história aconteceu, o jovem de Nazaré já estava difundindo sua mensagem, curando pessoas e fazendo milagres. A fama dele se espalhava, mas o Mestre ainda estava no início de sua caminhada na terra. Naquela altura, as pessoas ainda não sabiam exatamente quem ele era e diziam que o filho de Maria era algo que nunca foi. A comunicação boca a boca é poderosa, mas, em geral, não difunde corretamente as informações.

Na sua trajetória, você certamente vai lidar com isto muitas vezes: as pessoas vão confundir quem você é. Nem o próprio Jesus conseguiu escapar disso.

Contudo, o que você pode e deve fazer é reduzir a chance de as pessoas confundirem o que você faz. A forma de fazer isso é comunicar apenas o que tem a ver com o seu rumo.

Eu fiz muitos experimentos nas redes sociais ao longo dos anos. Em determinado momento, comecei a postar fotos de comidas e petiscos no meu perfil no Instagram. O meu propósito de vida, como disse há pouco, é compartilhar conhecimento. Então, decidi comunicar dicas de lugares maravilhosos para almoçar, jantar e fazer um lanche inesquecível.

Com o passar do tempo e diante de tantas publicações, minha conta no Instagram foi atraindo pessoas que queriam essas dicas, e elas foram me vendo como um... crítico gastronômico. Passei a receber na caixa de mensagens privada muitos pedidos de análise de determinado prato ou petisco, amigos e conhecidos me ligavam para dizer que estavam no bairro tal e queriam saber em que restaurante deveriam almoçar. Também teve quem passasse a se preocupar com minha saúde. "Comendo gordura desse jeito, você vai acabar morrendo antes dos 40 anos!", diziam alguns.

Eu estava me tornando referência em algo que eu não queria. Estava ficando conhecido como alguém que eu não gostaria de ser, não por não gostar da imagem, mas por preferir ser lembrado por outras atividades. E mais: aquela não era a minha mensagem.

Só que aquela imagem, a de crítico gastronômico ou a do cara que dá dicas de petiscos, estava sendo criada... por mim mesmo. Eu era o responsável pela "confusão" das pessoas. Afinal, era eu quem comunicava aquilo quase todos os dias.

A solução que encontrei foi criar um novo perfil. Passei a ter duas contas no Instagram. Uma guarda as minhas fotos pessoais. A antiga conta fica com as fotos de comida. Desta, retirei meu nome e as fotos em que apareço. Deixou de ser o perfil do Daniel para ter outro nome, sem nenhuma relação com o meu. Sabe o resultado? A rede continuou crescendo, mas as pessoas pararam de me associar à figura de crítico gastronômico. Então, a minha página pessoal, que começou do zero, passou a do perfil de comida em número de seguidores pouco tempo depois. **Parece mágica, mas é estratégia de comunicação.**

Algo semelhante aconteceu com uma arquiteta que me pediu consultoria em comunicação. Ela não sabia por que as pessoas não a procuravam com ofertas de trabalho. Uma rápida análise nas redes sociais dela foi suficiente para eu ter o diagnóstico. O perfil tinha o nome dela, a "bio" informava que ela é uma "arquiteta feliz", mas as fotos… comunicavam outra coisa.

Nas dezenas de fotos analisadas, menos de 10% tinham alguma relação com a profissão dela. A maioria das fotos podia ser dividida em duas partes: fotos posadas e fotos que mostravam o estilo de vida dela, como idas à praia, praticando esporte ou malhando. Ela havia postado muitas *selfies* e fotos com um quê de sensualidade. Havia ainda muitas fotos dela usando biquíni na praia ou piscina. Por ser bonita e atraente, as fotos de biquíni e com decotes eram as imagens mais curtidas.

Aqui, a gente entra num debate pessoal e que é muito contaminado por "falsas verdades", como: "Ah, mas se eu sou bonita, tenho que mostrar mesmo", "Eu sou assim, o que posso fazer?" e "Ninguém pode me impedir de mostrar quem eu sou". Pois bem. Embora esses argumentos sejam usados com frequência quando entro nesse tema, as verdades que eles carregam nada têm a ver com o assunto. Não estamos discutindo direitos nem vontades, e sim estratégia de comunicação.

Como eu já disse, **comunicar é tomar decisões; comunicar é fazer escolhas**.

Se você quer que sua marca pessoal seja a imagem de um bom profissional, por exemplo, tem que colocar essa informação em, pelo menos, 80% de suas publicações. Vou lhe fazer uma advertência e lhe dar cinco exemplos de publicações que comunicam essa ideia — porque os *posts* são formas de posicionar você (ou sua marca) diante de todos. A advertência é: não minta. Não comunique o que você não é. Cedo ou tarde, a verdade aparece. É assim desde que o mundo é mundo e não será diferente com você.

Vou dar como exemplo um caso polêmico que aconteceu anos atrás: uma influenciadora vegana de muito sucesso pelo mundo caiu em descrédito com seu público. A moça se apresentava como alguém que não consumia produtos de origem animal e dava dicas sobre esse estilo de vida, que, para carnívoros como eu, deve ser muito difícil. Acontece que um vídeo postado por outra pessoa mostrou essa influenciadora ao fundo, e no prato dela havia um peixe. Ora, ora... peixe é animal!

Para os seguidores dela, aqueles segundinhos de vídeo mostraram um escândalo, um absurdo, algo extremamente reprovável.

A maior parte das pessoas não tolera mentira. A influenciadora se desculpou, explicou que estava comendo peixes por orientação médica, mas... quantos acreditaram? O estrago estava feito. Meu papel não é julgá-la, mas analisar o que o fato de comer peixe causou na imagem de uma pessoa que dizia não comer nada de origem animal. Ela perdeu seguidores e até patrocinadores.

Feita a advertência, aqui vão os cinco exemplos de publicações (formas de se posicionar) que comunicam a ideia de um bom profissional:

1. No escritório ou na estação de trabalho comentando algo do dia a dia.
2. Do resultado ou repercussão de um trabalho.
3. De prêmios profissionais recebidos.
4. Lendo algum livro ou relatório que tenha relação com o trabalho.
5. Elogio à profissão ou atividade que você exerce.

Lembre-se sempre: na visão das pessoas conectadas, **você é o que você posta.**

O Rabi comunicava quem ele era todo dia com suas atitudes. Não existia rede social naquela época. Para ser conhecido, o Mestre tinha que ir às pessoas e comunicar quem ele era. Fazia isso em seus discursos, nas lições que dava, nas decisões que tomava. Certa vez, pegaram uma mulher em adultério e levaram o caso a Jesus. Naquele tempo, a infidelidade gerava uma punição cruel para a mulher: apedrejamento. Os religiosos quiseram saber o que o Mestre achava da situação. Ele disse assim: "Atire a primeira pedra quem não tem nenhum pecado".[2]

O resultado é que ninguém teve coragem de atirar a primeira pedra, e aquela mulher foi salva. Quem viu a cena certamente pensou: "Esse Jesus é sábio e equilibrado. Com uma frase, ele desfez a situação". Uma atitude comunicou como ele era.

Voltando ao caso da arquiteta, ela era vista como "musa do verão", "gata da academia" e "rainha da praia". Ela, porém,

---

[2] Cf. João 8.7.

não queria nenhum desses títulos. Antes, queria ser vista como uma talentosa arquiteta e que suas redes atraíssem pessoas interessadas em seus projetos. No entanto, ainda que de forma inconsciente, ela mesma criou a imagem de "modelo bonitona".

A boa notícia é que podemos alterar a rota da nossa caminhada e entrar na estrada que nos levará ao nosso tão sonhado objetivo. Podemos encontrar nosso rumo. Foi o que a arquiteta fez. Depois de muita resistência (porque, no fundo, ela também gostava do efeito que as fotos sensuais traziam para ela), ela mudou seu conteúdo e o alinhou ao seu objetivo. É o que podemos chamar de gestão de imagem.

Quando Jesus pergunta aos seus discípulos quem ele era, podemos entender que ele está checando o efeito de sua comunicação e posicionamento. Se os que o seguiam não acertassem a resposta, é porque algo estava muito errado. Uma coisa é a percepção das pessoas que ouviram falar sobre você, e outra é a dos que seguem você.

O meu conselho é que você não confunda as pessoas com publicações e comunicações aleatórias, a ponto de elas não saberem exatamente quem você é, o que é seu projeto e o que é sua empresa. A vida anda muito depressa para a gente estragar oportunidades.

Se você quer comunicar suas ideias e influenciar pessoas, guarde estas **três dicas** práticas:

1. Frequentemente pergunte a pessoas próximas como elas o veem. Se for preciso, ajuste sua imagem.

2. Oitenta por cento do que você comunica têm de estar diretamente ligados ao que você é, ao que você faz e para onde você está indo.
3. Se você teve uma ideia de publicação (ou projeto) muito boa, mas ela não se enquadra no seu rumo, jogue-a fora.

Nossa meta é ouvir da nossa audiência, dos nossos seguidores e das pessoas à nossa volta o que o maior comunicador de todos os tempos ouviu de Pedro, quando ele lhe perguntou: "Quem as multidões dizem que eu sou?".

Pedro respondeu: "O Cristo de Deus".

É exatamente isso que Jesus é.

capítulo 2
AUTORIDADE

Sua mãe disse aos serviçais:
"Façam tudo o que ele mandar".
João 2.5

Sabe quando estamos numa roda de conversa, todos falando ao mesmo tempo, dando opiniões, e aí uma pessoa se ajeita para falar e todos ficam em silêncio para ouvi-la? Então... isso é autoridade. Ter autoridade no assunto é o sonho de toda pessoa que comunica algo. É como se nossa palavra fosse a verdade suprema sobre determinado tema. Quem tem autoridade e indica um caminho vê a grande maioria optar por ele. A autoridade pode ser imposta, mas a que nos interessa e dá os resultados que sonhamos não é empurrada goela abaixo. É construída.

Quem não tem autoridade simplesmente não é ouvido. Se você quer comunicar e influenciar pessoas, precisa de autoridade no seu assunto. Neste capítulo, vamos entender a importância da autoridade e o que fazer para ela não perder o seu poder.

O primeiro milagre de Jesus é uma história fantástica. Ele estava numa festa de casamento, em Caná, na Galileia, e foi informado de que o vinho tinha acabado. Maria, sua mãe, foi até ele e pediu que fizesse alguma coisa. Jesus até tentou resistir, mas pedido de mãe.... sabe como é, né? Até aquele dia, o público em geral não sabia da capacidade de Jesus para curar e fazer milagres. Ele nunca tinha feito nada em público.

> Se você quer comunicar e influenciar pessoas, precisa ter autoridade no seu assunto.

Toda mãe, porém, sabe o filho que tem. Maria tinha certeza de que o jovem Messias poderia resolver aquela situação. A atitude dela nos faz entender que, em algum momento, descobriu que seu filho tinha superpoderes. Ali, naquela festa, ela sabia que sobre aquele problema Jesus tinha autoridade. Por isso, pediu ajuda a ele.

Muitos de nós começamos assim: algumas pessoas mais próximas sabem que somos capazes e nos abrem portas (outras duvidarão para sempre da nossa capacidade). Quem aproveita as oportunidades avança e vai ficando mais conhecido.

Guarde isto: quem tem autoridade influencia pessoas, e quem influencia pessoas multiplica seguidores. Não adianta só falar bonito, ter boa aparência ou achar que teve uma grande ideia. Você precisa de autoridade. Neste caso, estou falando da que se conquista após provar conhecimento e capacidade.

Uma pessoa que entra na faculdade de jornalismo, por exemplo, vai estudar e, após algum tempo, receberá um

AUTORIDADE

diploma de comunicador social, vai falar como jornalista, vai ganhar um bloquinho de notas e uma caneta, vai ter um emprego no jornal, num *site* ou TV.

> Quem tem autoridade influencia pessoas,
> e quem influencia pessoas multiplica seguidores.

Ela é jornalista. Quem, porém, tem mais autoridade para contar uma grande história: ela ou o jornalista que está há dez anos trabalhando em algum jornal, rádio ou TV? Os dois são repórteres, mas o segundo é experiente na função. E atenção: experiência não é acúmulo de tempo. Anos de formado ou de trabalho não são suficientes para conferir a autoridade necessária para influenciar pessoas. Um repórter recém-formado pode, sim, ter mais autoridade que um veterano. Basta ter feito algo provando sua capacidade, e o outro, não.

Uma pessoa que acaba de receber um diploma de Comunicação Social não é, necessariamente, uma especialista no assunto. Especialista é aquele que vence os desafios do dia a dia.

A Bíblia não esmiúça isso, mas Maria, de algum modo, sabia da autoridade de Jesus, de modo que disse aos garçons da festa de casamento: "Façam o que ele mandar". Aquele que provou que sabe fazer é quem tem autoridade.

O relato do Livro Sagrado em João 2.6-10 segue assim:

> Ali perto havia seis potes de pedra, do tipo usado pelos judeus para as purificações cerimoniais; em cada pote cabiam entre oitenta a cento e vinte litros. Disse Jesus aos

39

serviçais: "Encham os potes com água". E os encheram até a borda. Então lhes disse: "Agora, levem um pouco ao encarregado da festa". Eles assim o fizeram, e o encarregado da festa provou a água que fora transformada em vinho, sem saber de onde este viera, embora o soubessem os serviçais que haviam tirado a água. Então chamou o noivo e disse: "Todos servem primeiro o melhor vinho e, depois que os convidados já beberam bastante, o vinho inferior é servido; mas você guardou o melhor até agora".

A autoridade é conquistada com preparação (base, como veremos no próximo capítulo), experiência e resultado, ou seja, quando você testa seu conhecimento e vence. Repito: ser antigo numa atividade não significa que você terá a autoridade que se espera.

Muita gente morre de medo de enfrentar uma prova ou uma crise. No entanto, é justamente isso que nos dá um selo de competência. Já viu um campeão de MMA que nunca entrou no ringue, que nunca enfrentou um adversário forte, que nunca apanhou e nunca sangrou no combate? Não existe. Só existe vitória com luta. Por isso, não veja os desafios com medo, e sim como uma oportunidade de se tornar um vencedor. Na hora do aperto, a gente coloca o que sabe em ação, testa soluções e prova do que realmente é capaz.

Há uma forma de uma pessoa sem experiência vencer uma crise: aprender com a experiência dos outros. Aqui vão duas dicas:

1. Numa crise, peça conselhos a quem já passou por algo parecido ou pior.

AUTORIDADE

2. Leia livros e assista a conteúdos sobre os assuntos relacionados ao que você precisa.

> A autoridade é conquistada
> com preparação, experiência e resultado.

Isso é valioso, mas nada se compara ao aprendizado de quem vence uma crise. Entenda como crise toda situação que, dependendo da sua reação, pode piorar bastante ou ser resolvida. A vitória se transforma em currículo, sabe? Certa vez, quando eu era repórter de um grande jornal do país, descobri uma lista com os números de pessoas que estavam morrendo na fila do CTI público. Corri atrás de mais dados, contei com a ajuda de grandes fontes e apresentei minha sugestão de matéria aos meus chefes. Pela primeira vez, seria publicado o número de pessoas que morrem esperando um leito de tratamento intensivo no Rio de Janeiro. Eles gostaram. Havia, porém, um problema: eu teria que fazer tudo sozinho e em três dias. Era muito material para ler e muitas pessoas a quem entrevistar em tão pouco tempo. "Será que vou conseguir entregar? Será que vão gostar? E se eu falhar?", pensei.

Bem, dediquei meus dias inteiramente àquele trabalho. Eu não tive nenhum tipo de lazer naqueles dias. Eu dormia, acordava e trabalhava aquelas informações. Para você ter uma ideia, aquele material não rendeu uma reportagem. Rendeu uma série de mais de dez matérias, durante uma semana. A primeira delas foi publicada num domingo como manchete do jornal, a mais importante da edição.

Eu estava no início da minha trajetória naquele jornal e não era conhecido por todos os colegas de trabalho. Depois, porém, daquela série de reportagens, um veterano jornalista olhou para mim e disse: "Ah... você que é o cara que fez a série dos CTIs em três dias e ainda ganhou a capa?".

Vencer essa experiência colocou uma "estrelinha no meu currículo". Pouco depois, precisaram de alguém para outra série de reportagens densas, e eu fui convidado. Quando você tem autoridade em um assunto, seu nome é lembrado.

Anos de vivência no mercado não se transformam em autoridade quando a pessoa tem dificuldade em entender seu rumo — naquela época, um dos meus objetivos era ser da equipe de repórteres que cobria administração pública, e fazer aquela série iria me credenciar para entrar no time. Diante do curto prazo, eu poderia desistir, concorda? Fazendo ou não a série, eu receberia o mesmo salário no fim do mês. Acontece que eu precisava vencer aquele teste para alcançar minha meta. Quando você sabe quem é, o que faz e para onde está indo, fica mais fácil tomar decisões que o manterão na direção certa.

Só existe vitória com luta.
Por isso, não veja os desafios com medo,
e sim como oportunidade de se tornar vencedor.

Bem, voltando às Bodas de Caná, como ficou conhecido o episódio do primeiro milagre de Jesus, vemos que o filho de Maria ficou diante de uma situação complicada e a resolveu.

AUTORIDADE

É assim que agem os que têm autoridade, os verdadeiros especialistas. Entram em uma situação difícil e resolvem o caso.

Jesus tinha o poder de fazer milagres. Ninguém mais transformou água em vinho. Então, podemos dizer que não temos o poder dos milagres. Mas os especialistas têm o poder de resolver situações difíceis porque têm autoridade.

Vou dar mais um exemplo que encontrei no Livro da Sabedoria Eterna. O Nazareno tinha um amigo chamado Lázaro, que era de Betânia, um lugar a três quilômetros de Jerusalém. Acontece que Lázaro ficou doente e morreu. Quando Jesus chegou a Betânia, o amigo dele estava morto havia quatro dias, e seu corpo já tinha sido colocado no sepulcro.

Pois bem. Assim que o Messias chegou à cidade e se encontrou com Marta, uma das irmãs de Lázaro, ouviu a mulher dizer, como relata João 11.21: "Senhor, se estivesses aqui, meu irmão não teria morrido".

A declaração de Marta deixa claro seu reconhecimento em relação à autoridade de Jesus para tratar daquele problema. Ela entendia bem que Jesus poderia ter curado o amigo. Contudo, apesar da dor e do pranto já derramado, aquele homem de palavras bonitas e grandes mensagens entrou em ação e resolveu o problema. Como dizem as Escrituras, Jesus ressuscitou Lázaro. Deu uma ordem, e o amigo levantou do mundo dos mortos.

Quem tem autoridade faz o que tem de fazer, e as pessoas reconhecem isso.

Há outra história maravilhosa. De quando Jesus e seus discípulos entraram em um barco e atravessaram um lago.

Só que no meio do caminho surgiu "um forte vendaval, e as ondas se lançavam sobre o barco, de forma que este ia se enchendo de água", como registra Marcos 4.37.

Bem, segundo o relato das Escrituras, Jesus estava dormindo na popa do barco, com a cabeça sobre um travesseiro.

Veja só: alguns dos discípulos eram pescadores, homens do mar, e estavam completamente acostumados com tormentas durante a navegação. Todavia, eles ficaram desesperados. É o mesmo que estar em um avião durante uma turbulência e notar que as comissárias de bordo estão em desespero. O que você vai entender? Que é o fim.

Acontece que dentro do barco havia uma pessoa que era especialista em resolver problemas muito difíceis ou impossíveis. Ali, com os discípulos, estava um homem que tinha autoridade. Por isso, diz o Livro da Sabedoria Milenar que os discípulos acordaram Jesus e, como registrado em Marcos 4, clamaram: "Mestre, não te importas que morramos?".

Na hora de tomar decisões difíceis, de apontar o caminho, de resolver um problema grave, só um tipo de pessoa será lembrada: a que tem autoridade no assunto.

A história continua assim: "[Jesus] se levantou, repreendeu o vento e disse ao mar: 'Aquiete-se! Acalme-se!' O vento se aquietou, e fez-se completa bonança".

> Na hora de tomar decisões difíceis,
> de apontar o caminho, de resolver um problema
> grave, só um tipo de pessoa será lembrada:
> a que tem autoridade no assunto.

AUTORIDADE

Quando você tem autoridade, as pessoas o seguem e fazem o que você diz. Há um episódio emblemático nos evangelhos, que narra Jesus andando sobre as águas.

> Logo em seguida, Jesus insistiu com os discípulos para que entrassem no barco e fossem adiante dele para o outro lado, enquanto ele despedia a multidão. Tendo despedido a multidão, subiu sozinho a um monte para orar. Ao anoitecer, ele estava ali sozinho, mas o barco já estava a considerável distância de terra, fustigado pelas ondas, porque o vento soprava contra ele.
> Alta madrugada, Jesus dirigiu-se a eles, andando sobre o mar. Quando o viram andando sobre o mar, ficaram aterrorizados e disseram: "É um fantasma!" E gritaram de medo.
> Mas Jesus imediatamente lhes disse: "Coragem! Sou eu. Não tenham medo!"
> "Senhor", disse Pedro, "se és tu, manda-me ir ao teu encontro por sobre as águas".
> "Venha", respondeu ele.
> Então Pedro saiu do barco, andou sobre as águas e foi na direção de Jesus.
> Mas, quando reparou no vento, ficou com medo e, começando a afundar, gritou: "Senhor, salva-me!"
> Imediatamente Jesus estendeu a mão e o segurou. E disse: "Homem de pequena fé, por que você duvidou?"
> Quando entraram no barco, o vento cessou. (Mateus 14.22-32)

Essa história envolve fé, e não espero que você saia por aí tentando andar sobre o mar. Cito esse trecho para falar do fato de Pedro ter aceitado o convite do Rabi: "Venha". Andar sobre a água é impossível. Assim como sabemos disso, os discípulos também sabiam. Só que, ao mesmo tempo, eles não tinham dúvidas de que o Mestre fazia milagres.

Pedro só teve coragem de sair do barco e arriscar uns passos sobre o mar porque estava obedecendo ao chamado de alguém que tinha autoridade sobre o impossível.

Entendeu o poder da autoridade? Ela faz que as pessoas sigam suas instruções, mesmo quando parecem sem sentido. Quando você prova que é capaz de fazer algo, as pessoas querem o mesmo e o seguem. Hoje em dia, muitos comunicadores e especialistas em *marketing* digital ensinam sobre o "gatilho da autoridade". Bem, Jesus sabia de tudo isso dois milênios atrás.

Nos próximos dois capítulos, você vai entender como o maior comunicador de todos os tempos construiu essa autoridade. O método do Rabi exige base e informação.

Antes, você precisa saber o que deve ser feito para fortalecer sua autoridade, o que pode ameaçá-la e entender sobre a pior de todas as crises.

Monte sua equipe

Se quiser espalhar suas ideias, sua mensagem, você vai precisar de ajuda. Ninguém faz nada sozinho. Se você tiver uma empresa, pode contratar funcionários. Se não tem um CNPJ, mas algum dinheiro no bolso, pode contratar prestadores de serviços. E, se você não tem empresa nem dinheiro, precisará de amigos ou de uma rede de contatos. Isso fortalece sua autoridade, pois potencializa a divulgação das suas ideias.

AUTORIDADE

Andando à beira do mar da Galileia, Jesus viu dois irmãos: Simão, chamado Pedro, e seu irmão André. Eles estavam lançando redes ao mar, pois eram pescadores.

E disse Jesus: "Sigam-me, e eu os farei pescadores de homens". No mesmo instante eles deixaram as suas redes e o seguiram.

Indo adiante, viu outros dois irmãos: Tiago, filho de Zebedeu, e João, seu irmão. Eles estavam num barco com seu pai, Zebedeu, preparando as suas redes. Jesus os chamou, e eles, deixando imediatamente seu pai e o barco, o seguiram. (Mateus 4.18-22)

Nem o filho de Deus, o maior comunicador de todos os tempos, trabalhou sozinho. Por que você acha que consegue? Jesus criou um grupo com 12 pessoas, que ficaram conhecidas como apóstolos. Cada um tinha um perfil. A seguir, uma análise sobre cada um deles. Todos tinham defeitos, claro, mas decidi reunir aqui apenas as informações que valorizam os amigos de Jesus:

- **André** (irmão de Pedro) — Era o mais velho deles. Tinha perfil organizador e planejador. Esse tipo de pessoa é fundamental para quem pensa em longo prazo e quer obter resultados duradouros.
- **Filipe** — Outro de perfil organizador. Foi responsável pela logística dos apóstolos, que seguiram Jesus por várias cidades de Israel. Quem pensa e faz a logística garante

que tudo acontecerá como planejado. Pessoas assim reduzem a chance de perda de tempo.

João (irmão de Tiago e filho de Zebedeu) — Sensível, comunicador, conciliador. É chamado de "o apóstolo do amor" e "aquele a quem Jesus amava". João, para se ter uma ideia, ficou com a missão de cuidar da mãe de Jesus após sua morte. Esse tipo consegue falar com os mais variados perfis de pessoas e é capaz de manter a união e o diálogo do grupo.

Judas (Iscariotes) — Era idealizador, inteligente, instruído e planejador. Judas era o tesoureiro dos apóstolos, quem arrecadava e guardava as doações que o grupo recebia. Esse tipo (considerando o que fez antes de trair Jesus) é aquele que cuida das finanças, sabe quanto se pode gastar e quando é preciso economizar.

Judas Tadeu (filho de Alfeu) — Muito parecido com o irmão Tiago. Tipo de gente simples e prestativa, que evita conflitos e cumpre tarefas que recebe.

Mateus — Era comunicador e tinha facilidade de lidar com pessoas. Antes de aceitar ser discípulo de Cristo, foi coletor de impostos, profissão odiada em Israel. Com isso, aprendeu a não se intimidar diante de "cara feia". Foi também um grande contribuinte financeiro do grupo de Jesus. Esse tipo é o que lida com as situações duras.

Natanael (filho de Bartolomeu) — Comunicador e ágil para se relacionar com os demais. É como João, filho de Zebedeu: importante para manter o grupo unido.

Pedro (Simão) — Dono de comportamento impulsivo e emoções fortes. Agia rapidamente, tinha iniciativa e realizava. Esse tipo é muito necessário, pois se motiva com ação e resultados. É daqueles que, quando percebem a importância do projeto, logo o tiram do papel.

Simão (o zelote) — Era um revolucionário nacionalista. Tinha coragem e ímpeto para combater a injustiça. Pessoas com fortes ideias e opiniões corajosas nunca nos deixam fraquejar por covardia.

Tiago (filho de Zebedeu) — Era criativo e equilibrado. Seu perfil era de idealizador, de pensador. Pessoas com boas ideias são úteis em qualquer grupo, pois enxergam saídas onde não há.

Tiago (filho de Alfeu) — Comunicador, tinha facilidade para se relacionar e sensibilidade. É daqueles que sempre buscam harmonia no grupo, algo fundamental para o projeto fluir.

Tomé — Era organizador, cético e detalhista. Ajudava a planejar o itinerário dos apóstolos. É sempre bom ter no grupo alguém que vai questionar as possibilidades. Tomé não acreditou que Jesus tinha ressuscitado até ver as marcas dos pregos em suas mãos. Desconfiar do Mestre, certamente, não é legal, mas questionar até provar a verdade é útil em muitas situações.

O maior rabi dos séculos escolheu 12 pessoas para ajudar a divulgar sua mensagem. Uns bem únicos, e outros com personalidades parecidas. Importante analisar que, além de aprenderem com Jesus, eles exerceram funções para manter o grupo.

Havia quem pensasse na rotina de viagens, na logística, no dinheiro para financiar as incursões, refeições e estadias. E havia gente para encorajar e também para colocar panos quentes nas discussões.

Os 12 discípulos formaram um grupo de consultores e colaboradores. O método do Rabi exige que você também tenha um. Monte sua equipe. Se você não pode contratar alguém, una as pessoas por meio do propósito.

Quando fiz meu primeiro filme, *Plantão judiciário*, sobre o drama de pessoas que recorrem à Justiça para internar um parente, eu não tinha dinheiro nenhum para oferecer aos profissionais que trabalharam comigo. Eles toparam fazer porque o documentário iria ajudar muita gente. Alguns nem me conheciam. Eram amigos da minha amiga querida Chaiana Furtado, excelente profissional de cinema que produziu o documentário. A equipe veio pelo propósito. Os 12 apóstolos de Jesus também.

Precisamos ter em mente que talentos se completam. Eu nunca operaria a câmera tão bem quanto um fotógrafo profissional. Num filme, minhas funções são fazer roteiro e direção. O fotógrafo também não faria o áudio melhor do que o técnico de áudio, e vice-versa. Todos, porém, se juntaram, cada um com sua habilidade, para fazer um filme. Quem filmou ficou feliz por fazer a direção de fotografia, quem fez o áudio ficou contente por assinar a captação de som, quem criou a trilha sonora gostou de compor para o documentário, e eu fiquei radiante com a execução do trabalho. E ainda ganhamos um prêmio de cinema por causa desse filme. Sozinho, eu não teria feito nada. Por isso, formamos uma equipe.

Ao longo da vida, conhecemos muitas pessoas diferentes de nós e com habilidades distintas. São pessoas que têm um conhecimento que você não tem, que um dia lhe serão úteis. Com o tempo, fui formando o meu grupo de consultores. Se tenho dúvida sobre alguma legislação, consulto um amigo advogado. Quando escrevi um livro sobre casos de saúde, pedi que dois médicos lessem tudo para ver se algo soava estranho. Quando preciso de alguma arte, por exemplo, para a capa de um livro ou um filme, consulto um grande *designer* que trabalhou comigo no jornal e se tornou meu amigo. Essas opiniões são valiosas e reduzem as chances de o novo projeto dar errado.

Quando você for divulgar sua mensagem em alguma mídia social, por exemplo, vai precisar de um texto, de uma foto e de uma arte. Terá que tomar decisões sobre *marketing* digital.

Se pode fazer tudo isso sozinho, parabéns! Você é completo. Mas, se não conseguir fazer tudo sozinho, forme sua equipe ou grupo de consultores.

Lembre-se de que, se o seu rumo for bom, muitas pessoas vão querer ajudá-lo.

Nunca, porém, se esqueça de que todos temos contas a pagar. As pessoas podem ajudá-lo uma ou duas vezes de graça, "por amor", só que mais do que isso pode virar abuso e já não funcionará bem.

Jesus fortaleceu sua autoridade ao montar um grupo com 12 pessoas. Elas se tornaram testemunhas do Nazareno. Aqueles homens saíram pelo mundo contando o que aprenderam com o Mestre e o que ele era capaz de fazer.

> Enquanto isso, o sumo sacerdote interrogou Jesus acerca dos seus discípulos e dos seus ensinamentos. Respondeu-lhe Jesus: "Eu falei abertamente ao mundo; sempre ensinei nas sinagogas e no templo, onde todos os judeus se reúnem. Nada disse em segredo. Por que me interrogas? *Pergunta aos que me ouviram. Certamente eles sabem o que eu disse*". (João 18.19-21)

Isto é fascinante: "Pergunta aos que me ouviram. Certamente eles sabem o que eu disse".

No último capítulo, vamos entender como o Rabi transmitiu sua mensagem, qual linguagem usou, como a espalhou. Foi de uma forma tão eficiente que ele tinha certeza de que todos a tinham absorvido.

Lista de alertas

Podemos tirar muitas lições da trajetória do maior comunicador de todos os tempos. Considerando que o comunicador (com diploma ou não) é um influenciador, é alguém que vai atrair pessoas (boas e ruins), quero deixar alertas contra situações que podem tirar sua mensagem do caminho e até pará-la. Para manter o caminho livre, não permitindo que sua autoridade seja abalada, você precisa ter cuidado com bajuladores, preconceitos e paixão política. Além disso, é necessário ter muita atenção com a pior das crises.

Os bajuladores

Não caia na tentação de gostar da bajulação ou se acostumar com ela. Impressiona como, muitas vezes, as pessoas preferem se cercar de puxa-sacos. Isso pode fazer bem ao ego, mas é péssimo para o rumo, pois a bajulação não deixa você ver o caminho como ele é.

Bajulação, que fique claro, é muito diferente de elogio. Este é sincero, e seu objetivo é reconhecer algo digno de ser percebido. Bajulação é uma isca. A pessoa que bajula não quer reconhecer o que você tem de bom; quer cativar você para conseguir algo. Por isso, a bajulação cega.

O grande líder e ex-presidente da África do Sul, Nelson Mandela (1918-2013), incluiu essa questão em um de seus discursos. Em dezembro de 1997, quando deixou a presidência do Congresso Nacional Africano, Mandela recomendou que seu sucessor não se cercasse apenas de pessoas que concordassem cegamente com ele. Mandela disse:

> "Uma coisa que sei é que ele, em seu trabalho, tem aceitado críticas com espírito de camaradagem, e não tenho a menor dúvida de que não [...] deixará ninguém de fora, porque sabe que [é importante] você se rodear de pessoas fortes e independentes que, dentro das estruturas do movimento, podem criticá-lo e melhorar sua própria contribuição".[1]

Mandela está dizendo que as palavras dos não bajuladores podem melhorar nossa *performance*. Portanto, manter os

---

[1] LANGA, Mandla. **A cor da liberdade**: os anos de presidência/Nelson Mandela. Rio de Janeiro: Zahar, 2018, p. 19.

bajuladores a certa distância é sinal de prudência, já que eles não nos deixam ver onde estamos errando.

Agora, veja estes três trechos que estão no Livro Sagrado:

> Eis que alguém se aproximou de Jesus e lhe perguntou: "Mestre, que farei de bom para ter a vida eterna?" Respondeu-lhe Jesus: "Por que você me pergunta sobre o que é bom? Há somente um que é bom. Se você quer entrar na vida, obedeça aos mandamentos". (Mateus 19.16,17)

> Enquanto Jesus dizia estas coisas, uma mulher da multidão exclamou: "Feliz é a mulher que te deu à luz e te amamentou". Ele respondeu: "Antes, felizes são aqueles que ouvem a palavra de Deus e lhe obedecem". (Lucas 11.27,28)

> "Eu não aceito glória dos homens, mas conheço vocês. Sei que vocês não têm o amor de Deus. [...] Como vocês podem crer, se aceitam glória uns dos outros, mas não procuram a glória que vem do Deus único?". (João 5.41,42,44)

Nos dois primeiros, Jesus rejeita as palavras oferecidas. Ele sabia que não eram sinceras. No terceiro trecho, o Mestre esclarece que "não aceita a glória dos homens".

> A verdade é que aprendemos mais com críticas do que com aplausos.

Elogios são bons. Todo mundo gosta. Mas só quando são sinceros. Os bajuladores usam palavras bonitas para ganhar piedade ou benevolência do outro, elogiam para abrir caminho para um pedido. Os bajuladores elogiam com segundas intenções, e pior: deixam de criticar. É sabido que ninguém gosta de ser criticado o tempo todo. Mas não é disso que estou falando, e sim da necessidade de ouvir palavras que vão ajustar seus passos. A verdade é que aprendemos mais com críticas do que com aplausos.

Quem se cerca de bajuladores perde a capacidade de melhorar. Até nisso o Mestre é um exemplo.

Paixão política

Hoje em dia, outra forma muito comum de ofuscar sua autoridade e sua imagem é misturar sua mensagem com política. Ainda mais que, no Brasil, de anos para cá a política virou uma paixão tão forte quanto a paixão por times de futebol. Por vezes, mata.

O que vou falar neste ponto do livro não se aplica aos que são do meio político. Quem é da política, tem seu partido e trabalha por seus ideais está seguindo um rumo específico. Esses tomaram uma decisão e vão trilhar o caminho que escolheram.

O problema grave está nos que não são políticos, não trabalham com política e, em determinado momento, passam a publicar o que pensam sobre isso. O resultado é um só: divisão de público e risco de impedir o entendimento de sua mensagem original. Caso decida por esse caminho, saiba disso desde já. Não se esqueça de que estas linhas não são voltadas a todos que usam as redes sociais e as mais diversas vitrines e plataformas, mas, sim, aos que querem descobrir sua mensagem e divulgá-la.

Este livro reúne dicas para quem tem ou quer ter compromisso com uma mensagem consistente, que influencia e ajuda as pessoas.

Trago à lembrança aqui dois casos muito interessantes do Brasil. Um é o de um veterano jornalista que ficou famoso apresentando telejornais. Quando o jornalista trabalha num meio de comunicação tradicional, precisa ser isento ou, ao menos, parecer. Se você mostra simpatia com um lado da disputa, os simpatizantes do outro lado não o perdoam. Pois bem. Esse veterano da mídia tradicional, após deixar uma das maiores emissoras de TV do país, passou a divulgar abertamente em suas redes sociais suas ideias conservadoras. Ao longo de sua vida, ele sempre deu pistas de como pensava. Sempre foi visto com desconfiança pelo lado progressista. Mas, quando "se libertou", passou a divulgar tanto suas opiniões conservadoras que caiu em descrédito com metade do país. Até entre jornalistas, entre os quais sempre foi visto como um dos grandes nomes da profissão, ele perdeu prestígio. Tudo porque misturou sua imagem com um lado político.

O outro exemplo é o de um jovem que despontou no Youtube e se tornou um dos maiores do Brasil. Ele ganhou fama e milhões de seguidores fazendo vídeos em que comentava, sempre em tom crítico e ácido, a vida de celebridades, filmes e coisas do dia a dia. Esse rapaz é um sucesso e virou um gigante da comunicação na época da internet. Em determinado momento de sua vida, já completamente bem estruturado financeiramente, passou a defender pautas progressistas. Ele, verdade seja dita, passou a ser conhecido por muita gente que seus vídeos não alcançavam, porém perdeu a audiência entre os conservadores. Isso não o abalou, pois, como eu disse, ele é um gigante da comunicação. No entanto, não se pode negar que a decisão de se posicionar politicamente levou até ele muito ódio.

Há muita diferença entre defender (e divulgar) seus valores sobre respeito à família, liberdade de expressão, defesa da vida ou de justiça para todos e abraçar lados políticos, grupos políticos ou personagens políticos. Esta frase de Mahatma Gandhi (1869-1948) sintetiza um pensamento importante: "Não sou contra governo algum, mas sou contra a não verdade — contra a fraude e contra a injustiça".[2]

Martin Luther King Jr. (1929-1968) foi um pastor batista e líder da luta dos direitos civis nos Estados Unidos dos anos 1950 e 1960. Ele tem outra frase interessante: "Fiquei convencido de que, tal como a cooperação com o bem, a não cooperação com o mal é uma obrigação moral".[3]

Ambos lutaram contra o sistema. Gandhi, contra a dominação do império britânico na Índia; King Jr., contra a segregação racial nos EUA. Os dois eram pacifistas, desagradaram muita gente com seus discursos de justiça e, infelizmente, foram assassinados.

Tem gente que acredita que não se posicionar politicamente é atitude digna de um covarde. No Brasil, inclusive, surgiu um apelido depreciativo para quem não quer participar de brigas políticas: "isentão".

[2] BURNET, Andrew. **50 discursos que marcaram o mundo moderno.** Porto Alegre: L&PM; 2019, p. 28.
[3] CARSON, Clayborne (org.). **A autobiografia de Martin Luther King.** Rio de Janeiro: Zahar, 2014, p. 27.

A decisão de abraçar um grupo político nas suas mensagens tem que ser muito bem pensada. Em geral, vivendo num país em que a política é extremamente polarizada, considero "tomar partido" um erro grave, se isso não estiver, claro, ligado ao seu propósito ou à sua mensagem.

Veja o caso de um famoso fotógrafo profissional que era especializado em grandes eventos. Em 2014, quando o Brasil enfrentou uma acirrada disputa presidencial, ele usou as redes sociais dele para defender um lado. Passou a campanha inteira postando, debatendo, discutindo e defendendo o lado que ele considerava o melhor. Acontece que ele era o fotógrafo oficial de um grande festival, e os organizadores eram todos simpatizantes do outro lado. E mais: todos estavam conectados a esse fotógrafo pelas redes sociais. Eles, portanto, leram as publicações do fotógrafo. O resultado é que o talentoso e premiado profissional da fotografia não foi chamado para trabalhar na edição seguinte do festival. E ele fazia isso há anos.

Em junho de 2020, um grande empresário brasileiro foi cotado para fazer parte do governo federal. O Brasil vivia momentos terríveis por causa da pandemia do coronavírus, e esse homem fez uma declaração polêmica, dizendo que o número de mortos "era fantasioso". A fala dele deu início a uma crise no momento em que o país tinha cerca de 35 mil vítimas de covid-19, uma crise tão grande que ele desistiu do cargo público. Sabe por quê? Porque começou a surgir nas redes um movimento para boicotar suas lojas, uma rede espalhada por quase todo o país. Ao associar sua imagem a um grupo político e mostrar que pensava como ele, o empresário colocou seu negócio em risco. Pulou fora antes que o estrago fosse maior.

Se você quer ter um perfil que comenta política, tem lado, critica o outro... ok! É uma decisão. Mas, se isso não irá acrescentar nenhum benefício à sua mensagem, guarde este conselho: não caia na tentação de entrar em briga política.

E Jesus? Como é que o maior comunicador de todos os tempos se posicionava? Não se engane com a frase "Ah, hoje são outros tempos". Divisões e lutas políticas sempre existiram. O reino de Israel começou a se dividir logo após o reinado de Salomão, que morreu 932 anos antes de Cristo. Os rachas nunca foram superados, e aquela região vive em guerra até hoje.

Na época do Rabi, havia duas causas políticas fortíssimas. A maior delas era entre romanos e judeus. O Império Romano dominava o território de Israel naquele tempo, e isso era um sofrimento para os judeus. Viver sob domínio estrangeiro já é ruim, mas, no caso de Israel, ainda mais. A história dos judeus é a de um povo escolhido por Deus para ter uma relação direta com ele e viver num lugar escolhido pelo Criador. O território de Israel é a terra prometida aos descendentes de Moisés, ao povo que fugiu da escravidão do Egito.

Essa história conta que, depois de viver no deserto por décadas, o povo, finalmente, tomou posse de sua terra prometida, estabeleceu-se e se desenvolveu. Os judeus acreditam que a região em que vivem é um presente divino. Uma promessa que foi cumprida.

Pois bem. Agora, imagine o que eles sentiam vivendo sob o domínio dos romanos e tendo que pagar impostos a César, o imperador. Na cabeça deles, era assim: eles viviam na terra que Deus lhes dera, mas tinham que obedecer às leis de Roma e pagar impostos ao imperador. Tinham que pagar para viver na terra que haviam recebido de Deus. Eles não suportavam essa ideia. Por isso, muitos esperavam que o Messias enviado por Deus seria um revolucionário que venceria o Império Romano e traria liberdade a Israel.

Jesus era judeu. Facilmente, poderia se associar a algum dos partidos judeus e ficar criticando César. Poderia ser mais um inimigo do Império Romano. Bem, uma das formas de boicotar o império era, por exemplo, sonegar impostos. Veja o que está escrito em Mateus 22.17-22:

> Dize-nos, pois: "Qual é a tua opinião? É certo pagar imposto a César ou não?"
>
> Mas Jesus, percebendo a má intenção deles, perguntou: "Hipócritas! Por que vocês estão me pondo à prova? Mostrem-me a moeda usada para pagar o imposto". Eles lhe mostraram um denário, e ele lhes perguntou: "De quem é esta imagem e esta inscrição?"
>
> "De César", responderam eles. E ele lhes disse: "Então, deem a César o que é de César e a Deus o que é de Deus".
>
> Ao ouvirem isso, eles ficaram admirados; e, deixando-o, retiraram-se.

Não se encontra no discurso de Jesus uma insurreição contra os romanos. Veja este outro exemplo maravilhoso. Na Bíblia, há um relato de algo que aconteceu no "caminho de Emaús" após a ressurreição de Jesus. Narra a Escritura

AUTORIDADE

Sagrada que o filho de Maria apareceu para duas pessoas que seguiam para Emaús, mas de uma forma que não podia ser reconhecido. Essas pessoas eram seguidoras do Mestre e estavam decepcionadas com a morte e o desaparecimento de seu corpo:

> Ele [Jesus] lhes perguntou: "Sobre o que vocês estão discutindo enquanto caminham?"
> Eles pararam, com os rostos entristecidos. Um deles, chamado Cleopas, perguntou-lhe: "Você é o único visitante em Jerusalém que não sabe das coisas que ali aconteceram nestes dias?"
> "Que coisas?", perguntou ele. "O que aconteceu com Jesus de Nazaré", responderam eles. "Ele era um profeta, poderoso em palavras e em obras diante de Deus e de todo o povo. Os chefes dos sacerdotes e as nossas autoridades o entregaram para ser condenado à morte, e o crucificaram; e nós esperávamos que era ele que ia trazer a redenção a Israel. E hoje é o terceiro dia desde que tudo isso aconteceu. Algumas das mulheres entre nós nos deram um susto hoje. Foram de manhã bem cedo ao sepulcro e não acharam o corpo dele. Voltaram e nos contaram que tinham tido uma visão de anjos, que disseram que ele está vivo. Alguns dos nossos companheiros foram ao sepulcro e encontraram tudo exatamente como as mulheres tinham dito, mas não o viram."
> Ele lhes disse: "Como vocês custam a entender e como demoram a crer em tudo o que os profetas falaram! Não devia o Cristo sofrer estas coisas, para entrar na sua glória?". (Lucas 24.17-26).

A palavra "redenção" nesse texto tem o significado de libertação. Aqueles homens esperavam que o Mestre libertasse Israel do Império Romano. Se Jesus fosse mesmo um rebelde que tinha como propósito libertar os judeus, poderia ter dito: "Foi mal. Falhei feio". Não, o objetivo dele era outro. O Rabi pergunta: "Não devia o Cristo sofrer estas coisas, para entrar na sua glória?", como quem diz: "Ei, mas aconteceu tudo como eu disse que ia acontecer. Vocês precisam comemorar!".

Mesmo sendo judeu, Jesus não tomou partido contra os invasores. Agora, veja como era entre os judeus. Havia naquela época dois poderosos grupos em Israel: os saduceus e os fariseus. Eles eram partidos religiosos e divergiam em muitos pontos, na fé e na política. Os saduceus, por exemplo, só acreditavam no que estava escrito na Torá ou Pentateuco, os cinco primeiros livros da Bíblia. Os fariseus consideravam a continuação das histórias da Torá, que, naquela época só eram conhecidas porque pai contava ao filho, alguém mais velho contava ao mais novo. Essa tradição oral um dia seria escrita em papel e comporia o Antigo Testamento que conhecemos hoje. Esses grupos disputavam o direito de dizer ao povo o que deveria ser feito, o que era certo segundo a interpretação deles.

Os primeiros eram da alta sociedade, cultos, ricos e formavam a elite religiosa. Dos saduceus saía o sumo sacerdote, autoridade máxima da religião dos judeus. Eram eles que mantinham o templo funcionando. Eram muito bem articulados com o Império Romano, que, ao contrário de outros invasores, não arrasou a sociedade e suas camadas de poder. Os saduceus integravam o Sinédrio, que era ao mesmo tempo uma casa que fazia leis e julgava. Legislativo e Judiciário num só lugar.

Já os fariseus eram um partido religioso vindo das camadas populares. Eles eram nacionalistas e sonhavam com a libertação de Israel, mas, na época de Jesus, aceitavam a política de convivência com os romanos. Eram respeitados pelo povo porque entendiam muito sobre as leis judaicas e demonstravam ter conduta moral irrepreensível. Por terem muita influência sobre o povo, eram respeitados pelos demais partidos e pelos romanos.

Em toda a história do Rabi, não há uma só linha em que ele diga preferir um desses partidos ou em que critique um para favorecer o outro. O Maior de Todos os Tempos poderia tentar se aproximar do partido da elite religiosa ou dos líderes do partido popular, mas não agiu desse modo. Antes, Jesus fez muitas críticas a esses religiosos e manteve sua verdade diante deles.

O resultado é que a rejeição de Jesus era baixa. Como ele não tinha partido, podia conquistar pessoas de todos os lados. E, como conta o Livro Sagrado, o Messias, naquela época, foi capaz de atrair romanos, fariseus e saduceus.

Agora, não pense você que Jesus era "isentão". Ele tinha opinião. Observe este trecho:

> Então, Jesus disse à multidão e aos seus discípulos: "Os mestres da lei e os fariseus se assentam na cadeira de Moisés. Obedeçam-lhes e façam tudo o que eles dizem a vocês. Mas não façam o que eles fazem, pois não praticam o que pregam.

Eles atam fardos pesados e os colocam sobre os ombros dos homens, mas eles mesmos não estão dispostos a levantar um só dedo para movê-los". (Mateus 23.1-4)

Há uma crítica poderosa a saduceus e fariseus: "não praticam o que pregam". E neste outro pedaço do Livro da Sabedoria Milenar, o Rabi é direto:

"Ai de vocês, mestres da lei e fariseus, hipócritas! Vocês devoram as casas das viúvas e, para disfarçar, fazem longas orações. Por isso serão castigados mais severamente.

"Ai de vocês, mestres da lei e fariseus, hipócritas, porque percorrem terra e mar para fazer um convertido e, quando conseguem, vocês o tornam duas vezes mais filho do inferno do que vocês.

"Ai de vocês, guias cegos!, pois dizem: 'Se alguém jurar pelo santuário, isto nada significa; mas, se alguém jurar pelo ouro do santuário, está obrigado por seu juramento'. Cegos insensatos! Que é mais importante: o ouro ou o santuário que santifica o ouro?". (Mateus 23.14-17)

Viu? O Mestre não era um "isentão". Em nenhum momento, ele foi omisso diante do que achava errado, e você também não precisa ser. Nesse trecho do livro de Mateus, lemos que Jesus chamou fariseus e saduceus de "hipócritas", "guias cegos", "cegos insensatos".

O Rabi tinha opinião e posição muito claras. Você também deve ter. O que Jesus não se permitiu foi tomar partido. Em nenhum momento, ele entrou no jogo de um contra o outro, de romanos contra judeus, de saduceus contra fariseus, e vice-versa. Por que você entraria?

Livre-se das tentações que prejudicam sua mensagem. Assim, você não será confundido nem pegará o caminho errado. Se sua comunicação não é política, evite tomar partido. Assim, você estará preservando sua imagem e mantendo a possibilidade de suas palavras chegarem a todos os lados.

O preconceito

Esse é um ponto que destrói reputações. A pessoa que se mostra preconceituosa estraga a própria imagem e cria um bloqueio entre sua mensagem e os outros, entre sua autoridade e sua audiência.

Há quem diga que toda a revolta alheia é "mimimi", uma expressão que representa uma reclamação boba ou sem sentido. Outros preferem continuar ofendendo os outros, dizendo que as pessoas "se ofendem por qualquer motivo", e afirmam que "o mundo está chato". É sabido que muitos se aproveitam de certas situações e ganham algo se colocando na posição de vítimas. Mas não vamos falar de vitimismo. Há também os que decidem ser preconceituosos de propósito, pois querem atrair quem pensa da mesma forma e, assim, trabalhar com esse nicho. Esse, porém, não é o debate que nos interessa aqui, e sim entender o efeito que o preconceito pode causar na nossa mensagem. Essa é a preocupação. De todo modo, o preconceito é sempre prejudicial, pois nunca sabemos o que o outro pensa e o que certas palavras causam nas pessoas. Evitar o preconceito é sempre mais inteligente, e curar-se dele, uma libertação.

Já pensou o que uma frase ou colocação preconceituosa pode causar ao seu projeto? Imagine: você gasta anos pensando, planejando e executando e, do nada, um ato preconceituoso abala tudo. Você quer passar por isso? Aposto que não.

> Evitar o preconceito é sempre mais inteligente; e curar-se dele, uma libertação.

Anos atrás, uma marca gigante de papel higiênico lançou um novo produto, um papel higiênico preto, com o *slogan* "Black Is Beautiful". Acontece que essa expressão foi criada por ativistas negros americanos décadas atrás. A luta que os negros enfrentaram nos Estados Unidos por igualdade de direitos foi marcada pelo derramamento de sangue. Muita gente morreu até que se levantasse um grupo para gritar "Black Is Beautiful".

Eis que surge uma marca usando esse *slogan* para vender um produto que serve para... você sabe. A polêmica foi tão grande que a campanha foi cancelada. A verdade é que o preconceito mais atrapalha do que ajuda no mundo de hoje, e quase ninguém quer associar sua imagem a uma marca preconceituosa.

Lembro-me também do caso de uma marca de produtos de limpeza que foi acusada de ser machista. A propaganda usava imagens de mulheres em casa e as incentivava, depois de terem feito os afazeres domésticos, a buscar seus sonhos. Uma das frases era assim: "Agora que a casa está limpinha, você pode começar aquele projetinho pessoal com que tanto sonhou".

AUTORIDADE

A propaganda recorre à imagem da mulher dona de casa, como se essa fosse sua única e principal função. Se verdade fosse, a campanha não teria sido tão criticada como foi. Uns vão dizer que "isso é implicância", "agora não pode falar de mais nada" ou "maldito o politicamente correto". Mas isso é papo de preguiçoso. Se parar e pensar um pouquinho, a pessoa consegue criar sem ofender ninguém. E lembre-se: a maioria das propagandas corre sem nenhuma polêmica justamente porque são mais planejadas e observam os efeitos de cada imagem ou frase. O fato é que a propaganda citada anteriormente gerou uma onda de protestos nas redes e pedidos de boicote. Você quer correr esse risco?

Bem, o Mestre passou por esta terra séculos antes de o politicamente correto nascer. Ele poderia ser o maior dos preconceituosos, e ninguém lhe apontaria o dedo, já que, naquela época, não existia a consciência que temos hoje.

Mas não. Até nisso, ele foi exemplo, como mostra o texto de João 4.

> Era-lhe necessário passar por Samaria. Assim, chegou a uma cidade de Samaria, chamada Sicar, perto das terras que Jacó dera a seu filho José. Havia ali o poço de Jacó. Jesus, cansado da viagem, sentou-se à beira do poço. Isto se deu por volta do meio-dia.
>
> Nisso veio uma mulher samaritana tirar água. Disse-lhe Jesus: "Dê-me um pouco de água". (Os seus discípulos tinham ido à cidade comprar comida.)
>
> A mulher samaritana lhe perguntou: "Como o senhor, sendo judeu, pede a mim, uma samaritana, água para beber?"

(Pois os judeus não se dão bem com os samaritanos.)
(João 4.4-9)

Essas informações entre parênteses não foram escritas por mim. Elas estão na Nova Versão Internacional (NVI) da Bíblia e dão dicas da grandeza de Jesus. Há nessa história dois pontos que poderiam virar alvo de preconceito. A personagem era uma mulher e era de Samaria.

Naquela época, o machismo permitia que uma mulher adúltera fosse apedrejada em público (o homem adulto era sempre inocente) e negava que elas tivessem acesso aos estudos. A mulher era considerada um objeto que pertencia a algum homem. Diante de um juiz, sua palavra não tinha nenhum valor. Um marido poderia rejeitá-la, mas o contrário jamais poderia acontecer. Naquele tempo, as mulheres viviam presas dentro de casa, cuidando das coisas, e não tinham opinião. Jesus podia ignorar aquela mulher, afinal era "só uma mulher", mas ele foi até ela.

Outro ponto é que ela era samaritana. A Nova Versão Internacional explica rapidamente que "os judeus não se dão bem com os samaritanos". Os povos não se davam bem por motivos políticos e religiosos. Após a morte do rei Salomão em 932 a.C., Israel se dividiu em dois reinos: o do Norte, cuja capital passou a ser Samaria, e o do Sul. O Reino do Norte era chamado de Israel, e o do Sul, Judá, uma das 12 tribos que formaram Israel. Jesus era descendente da tribo de Judá. Aquela mulher, de outra.

O povo de Samaria, além de passar a adorar outros deuses, também criou templos de adoração em seu território, em Dã e

AUTORIDADE

Betel, o que desagradou religiosos de Judá, que afirmavam que a adoração deveria ser realizada no templo de Jerusalém.

Os reinos do Norte e do Sul viveram entre desavenças e guerras. Nunca mais se uniram e alimentaram uma rixa difícil de ser superada.

O Rabi, sabendo de tudo isso, poderia ignorar aquela mulher. Mas ele sabia que o preconceito era prejudicial à sua mensagem. No versículo 19, o Nazareno diz a ela: "Se você conhecesse o dom de Deus e quem está pedindo água, você lhe teria pedido e dele receberia água viva" (João 4.10).

Assim, ele começa a entregar sua mensagem a quem os judeus ofereciam preconceito. E aquela mulher ainda tinha outro ponto que despertava aversão na época, como vemos neste trecho:

> Ele lhe disse: "Vá, chame o seu marido e volte".
>
> "Não tenho marido", respondeu ela.
>
> Disse-lhe Jesus: "Você falou corretamente, dizendo que não tem marido. O fato é que você já teve cinco; e o homem com quem agora vive não é seu marido. O que você acabou de dizer é verdade". (João 4.16-18)

A pessoa era mulher, samaritana, teve "cinco maridos" e agora vivia com um homem que não era seu marido. Um judeu daqueles bem religiosos iria logo catar uma pedra ao avistar essa mulher. Mas o Rabi fez diferente: ofereceu a ela a "água viva", que, de acordo com sua palavra, era ele mesmo.

Jesus estava se oferecendo como Salvador para uma mulher samaritana e adúltera. Ele não tinha preconceitos.

A história continua assim:

> Jesus declarou: "Creia em mim, mulher: está próxima a hora em que vocês não adorarão o Pai nem neste monte, nem em Jerusalém. Vocês, samaritanos, adoram o que não conhecem; nós adoramos o que conhecemos, pois a salvação vem dos judeus. No entanto, está chegando a hora, e de fato já chegou, em que os verdadeiros adoradores adorarão o Pai em espírito e em verdade. São estes os adoradores que o Pai procura. Deus é espírito, e é necessário que os seus adoradores o adorem em espírito e em verdade".
>
> Disse a mulher: "Eu sei que o Messias (chamado Cristo) está para vir. Quando ele vier, explicará tudo para nós".
>
> Então Jesus declarou: "Eu sou o Messias! Eu, que estou falando com você".
>
> Naquele momento, os seus discípulos voltaram e ficaram surpresos ao encontrá-lo conversando com uma mulher. Mas ninguém perguntou: "Que queres saber?" ou: "Por que estás conversando com ela?". (João 4.21-27)

Nesse trecho, Jesus se apresenta como o Messias, comunicando seu rumo. Repare no versículo seguinte: "os seus discípulos voltaram e ficaram surpresos ao encontrá-lo conversando com uma mulher".

Os próprios discípulos ficaram atônitos. As pessoas que andavam com Jesus, que aprendiam com ele, estranharam o fato de ele estar falando com uma mulher, apenas pelo fato de ser mulher. O comportamento do Messias, ao não ser preconceituoso, era completamente novo e surpreendente. Que lição!

O resultado do não preconceito do Mestre é contado no mesmo capítulo:

> Então, deixando o seu cântaro, a mulher samaritana voltou à cidade e disse ao povo: "Venham ver um homem que me disse tudo o que tenho feito. Será que ele não é o Cristo?" Então saíram da cidade e foram para onde ele estava. (João 4.28-30)

> Muitos samaritanos daquela cidade creram nele por causa do seguinte testemunho dado pela mulher: "Ele me disse tudo o que tenho feito". Assim, quando se aproximaram dele, os samaritanos insistiram em que ficasse com eles, e ele ficou dois dias. E, por causa da sua palavra, muitos outros creram.
>
> E disseram à mulher: "Agora cremos não somente por causa do que você disse, pois nós mesmos o ouvimos e sabemos que este é realmente o Salvador do mundo".
>
> Depois daqueles dois dias, ele partiu para a Galileia. (João 4.39-43)

Ao não se permitir ter preconceito e falar com aquela mulher samaritana, o Mestre ampliou sua voz na região que não gostava de pessoas como ele e ganhou mais seguidores. Judeus e samaritanos não se davam bem, mas o Messias conseguiu, vencendo o preconceito, conquistar corações a ponto de aquelas pessoas acreditarem que ele era o Salvador do mundo. É como se um homem negro chegasse num bairro de brancos racistas e os convencesse de que ele era solução de todos os problemas. Entende o tamanho do feito do Nazareno? Por essas e outras, Jesus é o maior comunicador de todos os tempos.

Responder sem pensar

Jesus calculava suas palavras e respostas. Até os discursos que poderiam ser mal interpretados tinham um objetivo. O único momento em que alguns críticos poderiam dizer que o Mestre se excedeu foi quando expulsou os comerciantes do templo. Isso está registrado em João 2.15: "Ele fez um chicote de cordas e expulsou todos do templo, bem como as ovelhas e os bois; espalhou as moedas dos cambistas e virou as suas mesas". No contexto, lemos que o Nazareno disse: "Tirem estas coisas daqui! Parem de fazer da casa de meu Pai um mercado!". Seria esse um raro momento de raiva do homem que falava de amor. Mas isso não lhe trouxe nenhuma consequência drástica, não aumentou a perseguição contra ele nem a traição que sofreria. Tampouco o fez perder seguidores. Aliás, diante do que representou (expulsar comerciantes do templo), e levando em conta a importância que aquele lugar tinha para Jesus, não devemos considerar intempestiva a atitude de Jesus, e sim um ato de coragem e defesa daquele a quem tanto ele amava.

Bem, no Livro da Sabedoria Milenar temos esta pérola, em Provérbios 15.1: "A resposta calma desvia a fúria, mas a palavra ríspida desperta a ira".

Todos conhecemos alguma história que foi piorando por causa de uma resposta ou provocação agressiva. Essas respostas polêmicas podem ser fruto de falta de controle emocional, de sabedoria ou de estratégia de comunicação. Responder sem pensar é um grande erro da humanidade.

Em toda a sua vida na terra, o Rabi foi cercado por perguntas provocadoras de gente que só queria flagrá-lo em uma falta para, em seguida, acusá-lo diante das autoridades romanas. Então, os inimigos de Cristo ficavam fazendo perguntas para provocá-lo. E não é isso que fazem todos os dias nas redes sociais?

Uma coisa que precisa ser dita é que os *haters* não vão sumir. Pessoas feridas têm prazer em ir às redes criticar aqueles de quem elas não gostam. Seja lá por qual motivo. Os perseguidores e odiadores virtuais sempre estarão por perto. Mas uma postura correta diante deles não vai colocar "mais lenha na fogueira" e, principalmente, não irá criar novas confusões ou focos de ataques.

Além de ter respostas calmas, o Nazareno costumava responder com perguntas. Isso é genial. O questionador faz uma pergunta ou um ataque esperando uma resposta para continuar fazendo pressão. Jesus, porém, ao devolver uma pergunta, coloca o questionador para pensar e ameniza a situação.

> Alguns fariseus aproximaram-se dele para pô-lo à prova, perguntando: "É permitido ao homem divorciar-se de sua mulher?"
>
> "O que Moisés ordenou a vocês?, perguntou ele. (Marcos 10.2,3)

Esse trecho do livro de Marcos mostra isso. Os fariseus queriam colocar Jesus à prova, para ver se ele iria vacilar na resposta.

Ele respondeu com uma pergunta. No século I, no Oriente Médio, a questão do divórcio era uma grande polêmica para os judeus. Havia dois pensamentos filosóficos sobre isso. Um dizia que o marido só poderia mandar a esposa embora se ela fosse infiel. Já o outro pensamento defendia que o marido poderia se divorciar se quisesse e por qualquer motivo, até se tivesse se encantado por outra mulher.

No contexto da religião, havia uma determinação expressa em Deuteronômio 24.1-4, um dos cinco primeiros livros da Bíblia, que é a Torá, o livro sagrado dos judeus. O trecho diz que um homem poderia se divorciar e dar uma carta de divórcio à mulher. E que, se ela se casasse de novo e se separasse, não poderia voltar para o primeiro marido, pois estaria "contaminada". Mas muitos séculos se haviam passado desde a vigência dessa lei dos judeus até os dias de Jesus. Portanto, a essa altura o comportamento era mais flexível e gerava polêmicas. O que os fariseus queriam era ver o Rabi se enrolar com a resposta, para acusá-lo de desobedecer à lei dos judeus. A história segue assim:

> Eles [os fariseus] disseram: "Moisés permitiu que o homem lhe desse uma certidão de divórcio e a mandasse embora".
> Respondeu Jesus: "Moisés escreveu essa lei por causa da dureza de coração de vocês. Mas no princípio da criação Deus 'os fez homem e mulher'. 'Por esta razão, o homem deixará pai e mãe e se unirá à sua mulher, e os dois se tornarão uma só carne'. Assim, eles já não são dois, mas sim uma só carne. Portanto, o que Deus uniu, ninguém o separe".
> (Marcos 10.4-9)

AUTORIDADE

Os religiosos queriam uma resposta para acusar Jesus, e ele lhes deu uma lição. Vemos o mesmo tipo de situação nesta outra passagem:

> Então os fariseus saíram e começaram a planejar um meio de enredá-lo em suas próprias palavras. Enviaram-lhe seus discípulos junto com os herodianos, que lhe disseram: "Mestre, sabemos que és íntegro e que ensinas o caminho de Deus conforme a verdade. Tu não te deixas influenciar por ninguém, porque não te prendes à aparência dos homens. Dize-nos, pois: Qual é a tua opinião? É certo pagar imposto a César ou não?"
> Mas Jesus, percebendo a má intenção deles, perguntou: "Hipócritas! Por que vocês estão me pondo à prova?". (Mateus 22.15-18)

O texto deixa claro que a intenção dos religiosos com essa pergunta era "enredá-lo em suas próprias palavras". Jesus, aqui, chama seus opositores de "hipócritas" — mostrando que ele tinha opiniões fortes — e devolve com uma pergunta: "Por que vocês estão me pondo à prova?". Essa é uma passagem rica de significados. O problema é que os judeus não gostavam de pagar impostos aos romanos. No entanto, não pagar tributo ao império era uma desobediência grave. Se Jesus defendesse o não pagamento, como parte dos judeus defendia, seria acusado de traição a Roma. Bem, nessa passagem, o filho de Maria pega uma moeda da época e faz outra pergunta: "De quem é esta imagem e esta inscrição?". Os inimigos dele respondem: "De César". E o Mestre dá uma nova lição: "Então, deem a

César o que é de César e a Deus o que é de Deus", criando uma expressão que é usada até hoje.

Vamos para mais um trecho. Nesse, Jesus não devolve uma pergunta, mas dá a eles uma resposta calma.

> Quando os mestres da lei que eram fariseus o viram comendo com pecadores e publicanos, perguntaram aos discípulos de Jesus: "Por que ele come com publicanos e pecadores?"
>
> Ouvindo isso, Jesus lhes disse: "Não são os que têm saúde que precisam de médico, mas sim os doentes. Eu não vim para chamar justos, mas pecadores". (Marcos 2.16,17)

Hoje em dia, muitos responderiam com uma pergunta raivosa: "E isso é da sua conta?" ou "Que importa a você? É a minha vida. Cuide da sua". Jesus, porém, sabia que tudo o que ele fazia comunicava o que ele era. Logo, optou por esse tipo de resposta.

Aliás, mais do que isso, o maior comunicador de todos os tempos sabia, com as palavras, virar o jogo a seu favor. Em vez de uma resposta atravessada "para mostrar quem é que manda", ele usava a situação para dar uma lição e deixar sua marca nas pessoas.

Por fim, quero lembrar mais uma história de Jesus. Depois de sair-se bem de uma série de perguntas ardilosas dos religiosos, o Nazareno é quem faz uma pergunta difícil. A opção por devolver uma pergunta e, assim, fazer o outro pensar desarma as situações.

Estando os fariseus reunidos, Jesus lhes perguntou: "O que vocês pensam a respeito do Cristo? De quem ele é filho?"

"É filho de Davi", responderam eles.

Ele lhes disse: "Então, como é que Davi, falando pelo Espírito, o chama 'Senhor'? Pois ele afirma:

" 'O Senhor disse ao meu Senhor: Senta-te à minha direita, até que eu ponha os teus inimigos debaixo de teus pés'.

Se, pois, Davi o chama 'Senhor', como pode ser ele seu filho?"

Ninguém conseguia responder-lhe uma palavra; e daquele dia em diante, ninguém jamais se atreveu a lhe fazer perguntas. (Mateus 22.41-46)

Jesus não falava sem pensar e desarmou seus adversários usando respostas calmas e perguntas. Isso se assemelha muito ao método socrático (a maiêutica), uma referência a Sócrates, o filósofo grego que morreu em 399 a.C. e que teria sido o primeiro a usar essa técnica de investigação filosófica. Ela consiste em o professor levar seu aluno a refletir por meio de perguntas simples. O objetivo é que o aluno, ao confrontar as ideias, perceba as contradições e falhas de seu argumento.

A pior de todas as crises

Dotado de grande controle emocional e sabedoria, o Rabi não deixou nenhuma dessas situações difíceis atrapalhar sua mensagem. Pelo contrário. E ele foi tão bem-sucedido que calava seus opositores, como mostra o maravilhoso final do trecho anteriormente citado: "daquele dia em diante, ninguém jamais se atreveu a lhe fazer perguntas".

O último alerta é sobre a pior de todas as crises: aquela que vem de dentro. A verdade que Jesus espalhava criou muitos inimigos. Notadamente, os saduceus e os fariseus, partidos religiosos da época. A maioria deles não suportava a mensagem de Jesus. Alguns faziam fortuna com os sacrifícios de animais, que serviam para perdoar os pecados. Logo, não poderiam gostar do sujeito que fazia isso sem cobrar nada. Eles não gostavam de ouvir Jesus falando que era o Messias porque não criam nele. Então, passaram a planejar uma forma de matá-lo.

Acontece que Jesus era popular. Seria muito difícil fazer algo contra ele sem que uma multidão não tentasse salvá-lo.

> Todos os dias ele ensinava no templo. Mas os chefes dos sacerdotes, os mestres da lei e os líderes do povo procuravam matá-lo. Todavia, não conseguiam encontrar uma forma de fazê-lo, porque todo o povo estava fascinado pelas suas palavras. (Lucas 19.47,48)

> Os mestres da lei e os chefes dos sacerdotes procuravam uma forma de prendê-lo imediatamente, pois perceberam que era contra eles que ele havia contado essa parábola. Todavia tinham medo do povo. (Lucas 20.19)

Este outro trecho é impressionante:

> Estes disseram: "Mestre, há pouco os judeus tentaram apedrejar-te, e assim mesmo vais voltar para lá?"
> Jesus respondeu: "O dia não tem doze horas? Quem anda de dia não tropeça, pois vê a luz deste mundo. Quando anda de noite, tropeça, pois nele não há luz". (João 11.8-10)

Os líderes judeus arrumaram várias acusações falsas contra o Mestre, mas para prendê-lo teriam que escolher o momento certo, ou seja, um em que ele estivesse afastado das multidões e à noite, quando seria mais difícil os seguidores se mobilizarem. Imagine como era a escuridão das noites do Oriente Médio do século I. Como o próprio Jesus disse: "quem anda de noite tropeça".

Os inimigos de Jesus tiveram ajuda de Judas, um dos 12 discípulos. Sem isso, seria impossível pegar um dos homens mais populares do pedaço. Por que será que Judas Iscariotes entregou o Mestre?

Há muitas teorias para explicar a traição. Com base no que podemos ler no Livro da Sabedoria Milenar, vou citar três delas: ressentimento, orgulho ferido e frustração. São sentimentos que todos nós podemos causar em subordinados.

> Então Maria pegou um frasco de nardo puro, que era um perfume caro, derramou-o sobre os pés de Jesus e os enxugou com os seus cabelos. E a casa encheu-se com a fragrância do perfume.
>
> Mas um dos seus discípulos, Judas Iscariotes, que mais tarde iria traí-lo, fez uma objeção: "Por que este perfume não foi vendido, e o dinheiro dado aos pobres? Seriam trezentos denários". Ele não falou isso por se interessar pelos pobres, mas porque era ladrão; sendo responsável pela bolsa de dinheiro, costumava tirar o que nela era colocado.
>
> Respondeu Jesus: "Deixe-a em paz; que o guarde para o dia do meu sepultamento. Pois os pobres vocês sempre terão consigo, mas a mim vocês nem sempre terão". (João 12.3-8)

Judas cuidava das finanças do grupo de Jesus e era ladrão, segundo João. Nesse trecho, Judas é repreendido pelo Mestre na frente de algumas pessoas, inclusive de uma mulher. Se hoje o machismo é grande no Oriente Médio, tente imaginar como era naquela época. Isso pode ter ferido o orgulho dele. Iscariotes pode também ter sofrido ao ver perdida uma grande oportunidade de colocar mais uns trocados no bolso. Se aquele perfume fosse vendido para dar aos pobres, ele poderia desviar parte do recurso no meio do caminho.

> Depois de ver o sinal milagroso que Jesus tinha realizado, o povo começou a dizer: "Sem dúvida este é o Profeta que devia vir ao mundo". Sabendo Jesus que pretendiam proclamá-lo rei à força, retirou-se novamente sozinho para o monte. (João 6.14,15)

Muitos achavam que Jesus era um revolucionário que libertaria Israel do Império Romano. Nessas linhas, João escreve que "pretendiam proclamá-lo [Jesus] rei". Tornar Jesus rei é dizer que o poder do imperador romano tinha acabado por ali. O início de um possível reinado de Jesus sobre os judeus era o fim do Império Romano naquela região. Judas Iscariotes era o único dos Doze com origem na Judeia (os outros eram da Galileia), uma terra que clamava pela independência. Muito provavelmente, Iscariotes era um dos tantos que sonhavam que o Messias os libertaria dos romanos. Contudo, quando Jesus foge para não ser proclamado rei à força, Judas entende que o Rabi tinha outros planos que não a revolução política.

AUTORIDADE

Em seu livro, Lucas diz que "Satanás entrou em Judas" (22.3) e ele fez o que fez. Mas isso só aconteceu porque Iscariotes "abriu a porta" para o Inimigo ao conservar dentro de si pensamentos errados. Será que Judas ficou frustrado e passou a ter raiva do Mestre? Será que foi por ressentimento ou por ter tido seu orgulho ferido que ele traiu o Nazareno?

No fundo, isso não importa, e sim o fato de que foi Judas quem levou os líderes religiosos e soldados romanos até o Mestre. Era noite, e Jesus estava apenas com parte dos discípulos no jardim de Getsêmani, uma região de montanha que, hoje em dia, é uma escuridão completa à noite. O Cristo foi preso de noite (quando "quem anda, tropeça") e em hora e local em que o povo estava longe.

Só um tipo de pessoa poderia revelar a localização do Rabi: alguém de dentro. A maior das crises sempre vem de dentro.

É necessário lembrar aqui que Jesus sabia que precisava ser preso e morto. Isso fazia parte de seu rumo. Tanto que ele não tentou fugir dessa vez. Mas isso está no campo espiritual e da fé.

> Precisamos estar sempre atentos à crise que vem de dentro; temos que fazer o possível para evitar que pequenas frustrações se tornem traições definitivas.

No campo natural, que é o que nos importa agora, Jesus foi traído e entregue aos seus inimigos por uma pessoa com quem andava e dividia a mesa.

Jesus sabia que precisava passar por aquilo, então não evitou a situação. Mas nós não temos a mesma missão que o Rabi. Então, precisamos estar sempre atentos à crise que vem de dentro; temos que fazer o possível para evitar que pequenas frustrações se tornem traições definitivas.

Agora que sabemos a importância da autoridade, como fortalecê-la e os cuidados para mantê-la, vamos conversar sobre base, que é o caminho que nos leva à autoridade.

capítulo 3

BASE

Vivemos numa sociedade de pessoas apressadas e ansiosas. Parece que tudo é sempre "pra ontem", inclusive os resultados. As pessoas querem vencer rapidamente, acham que se tornam especialistas do dia para a noite. Mas o caminho para o sucesso é feito de conhecimento, continuidade e superação, e isso exige tempo.

Um bom exemplo para isso é o vinho. Depois de pronto, ele começa a melhorar se ficar conservado da forma adequada. Aprendi isso ao visitar uma grande vinícola na região da Grande Santiago, no Chile, anos atrás. A oxidação do líquido, ou seja, quando ele recebe oxigênio, altera o sabor e o aroma da bebida. Quando o vinho fica armazenado e envelhecendo, o lento processo de oxidação produz o que os entendidos chamam de aromas terciários: tons defumados e até notas frutais. Por isso, muitos dizem que "o vinho fica melhor com o tempo".

> O caminho para o sucesso é feito de conhecimento, continuidade e superação, e isso exige tempo.

Acontece o mesmo com a nossa base, ou seja, nosso conhecimento, nosso estudo, nossa formação. Quanto mais tempo você se preparar, melhor você será. Sendo assim, mais fácil e natural será a produção de conteúdo baseada na sua mensagem.

Nada substitui a base. Nem as técnicas mais modernas de tráfego ou dicas de publicações. Elas são importantes. Mas, numa metáfora que gosto muito de usar, essas técnicas são como atiradeiras ou estilingues: elas o ajudam a lançar algo longe, elas impulsionam você. E a mensagem é a pedra que você coloca na tira elástica.

Não adianta saber usar a atiradeira se você não tem a pedra.

É a base (conhecimento) que garante a você condições de produzir a pedra (conteúdo/informação/mensagem) para sua atiradeira.

Veja só estes dois trechos das Escrituras sagradas. Eles nos ajudam a entender mais sobre a base de Jesus:

> Jesus tinha cerca de trinta anos de idade quando começou seu ministério. (Lucas 3.23)

> Todos os anos seus pais iam a Jerusalém para a festa da Páscoa. Quando ele completou doze anos de idade, eles subiram à festa, conforme o costume. Terminada a festa, voltando seus pais para casa, o menino Jesus ficou em Jerusalém, sem que eles percebessem. Pensando que ele estava entre os companheiros de viagem, caminharam o dia todo. Então começaram a procurá-lo entre seus parentes e conhecidos. Não o encontrando, voltaram a Jerusalém para procurá-lo. Depois de três dias o encontraram no templo, sentado entre

os mestres, ouvindo-os e fazendo-lhes perguntas. Todos os que o ouviam ficavam maravilhados com o seu entendimento e com as suas respostas. (Lucas 2.41-47)

A vida do Mestre pode ser dividida em duas etapas: antes e depois de anunciar sua mensagem. O Rabi viveu trinta e três anos, em carne e osso, nesta terra. O primeiro trecho nos informa que ele começou seu ministério com 30 anos, ou seja, quando começou a espalhar suas ideias.

O maior comunicador de todos os tempos precisou de três anos para completar seu rumo e de trinta anos para formar sua base. O segundo trecho acima revela que, aos 12 anos, o filho de Maria já era capaz de impressionar os **mestres** ao fazer **perguntas** e dar **respostas**, pois tinha **entendimento** sobre o assunto.

Esse é o único trecho da Bíblia que cita a infância e a adolescência do Mestre, e, com base nele, podemos concluir que aos 12 anos — um ano antes de entrar para a vida adulta, segundo o costume judaico —, ele já tinha conhecimento suficiente para impressionar os experientes.

Listei a seguir as cinco fontes de conhecimento, obra-prima para você formar sua base:

— Livros

— Filmes

— Cursos e aulas

— Conselhos

— Experiência própria

Temos uma infinidade de livros à nossa disposição. Muitos, certamente, não valem a pena. Apenas vão tomar nosso tempo e não nos acrescentarão nada de bom. Por isso, temos que ser criteriosos na hora de escolher o que vamos ler. Minha dica é que você escolha os que têm relação direta com seu assunto. Quanto mais você ganhar conhecimento, mais será capaz de falar sobre ele.

O mesmo vale para filmes. Há dias ou noites em que queremos apenas distrair a cabeça e ver um filme qualquer. Ok, acontece mesmo. Mas, se você vai ficar quase duas horas na frente da TV ou do computador consumindo um produto audiovisual, por que não aproveitar esse tempo para assistir a algo que ajudará você a crescer na sua área de conhecimento? Sempre que pego um filme só para "distrair a cabeça", escolho algum documentário ou ficção que seja sobre a vida e obra de alguém. Porque as experiências dos outros ensinam muito. Então, além de estar ali "distraindo a cabeça", estou também aprendendo sobre um grande personagem.

> Quanto mais você ganhar conhecimento,
> mais será capaz de falar sobre ele.

Em cursos e aulas, da escola ao pós-doutorado, aprendemos muito. Mas o critério tem que ser rígido também. Quando eu tinha uns cinco anos como repórter profissional, entrei num curso de pós-graduação em Análise de Políticas Públicas, no Instituto de Economia da Universidade Federal do Rio de Janeiro. Aparentemente, isso não tem nada a ver com comunicação. Mas tinha muita relação com a minha atuação: a de repórter que escreve sobre assuntos da administração pública. Naquela pós, aprendi, por exemplo, como se faz um orçamento. Todo ano, os políticos fazem o orçamento da cidade, do estado ou do país. Em seguida, eles passam informações aos repórteres, e estes as publicam em seus veículos de comunicação. Como você vai questionar um assunto do qual não sabe nada, do qual não entende as funções?

Por isso, indico que você sempre busque fazer cursos que estejam ligados à sua mensagem.

Conselhos são poderosos meios de conhecimento. O livro mais vendido de todos os tempos diz que "a sabedoria mora na multidão de conselhos" (cf. Provérbios 11.14). Mas não é qualquer conselho que serve. Fique atento ao temido "viés da confirmação", que é quando procuramos alguém que sabemos que vai aprovar nossa ideia. No fundo, já queremos fazer algo, mas pedimos a opinião de alguém que sabemos que vai concordar, apenas para "dividir a responsabilidade". Esse é um erro grotesco. Imagine que você tem a chance de comprar um carro ou uma moto. No fundo, você quer a moto, mas sabe que é mais seguro ter um carro. Então, fica naquela dúvida e resolve consultar alguém. Só que procura logo um amigo que é apaixonado por motos. É óbvio que ele vai dizer: "Compra a moto logo".

Conselho deve vir de quem tem relação técnica e de quem tem relação emocional com o assunto. Em alguns casos, basta uma delas. Imagine que você está escrevendo um texto sobre a relação de pais e filhos e quer ter certeza de que ficou bom.

O conselho emocional virá daquele amigo que é um paizão ou um filho dedicado. Se ele tem relação emocional com o assunto, poderá dizer se o seu texto é bom ou se não causará arrepios.

Já a opinião técnica você tem que pedir a alguém que está acostumado a escrever e poderá analisar se sua mensagem tem clareza, se é direta ou redundante, se é agradável ou não.

Conselho não existe para confirmar o que você quer, e sim para ajudar você a tomar a melhor decisão.

> Conselho deve vir de quem tem relação técnica e de quem tem relação emocional com o assunto.

Dessas cinco fontes de conhecimento, a mais poderosa é a experiência própria. Passei quatro anos estudando jornalismo na faculdade e li centenas de livros naquele espaço de tempo. Adquiri, portanto, muito conhecimento e, após oito períodos de estudo e muitas provas, recebi um diploma. Eu era jornalista e ponto. Mas foi quando comecei a ser repórter, a fazer entrevistas e a vencer desafios é que me considerei um jornalista formado.

Há lições que você só aprende na prática.

Vivemos na geração *fast-food*, de pessoas acostumadas a ter tudo rapidamente. Basta uns cliques no celular e trinta minutos depois tem comida quente na sua porta. Algumas coisas, de fato, conseguimos muito rapidamente. Mas conhecimento, não. Conhecimento exige tempo.

Para escrever este livro, eu precisei de muito tempo. Ele é a união de, pelo menos, dois conhecimentos que adquiri durante a vida. Cresci lendo a Bíblia e aprendendo suas histórias. Na juventude, aprendi sobre comunicação e comecei a trabalhar no ramo, no qual conquistei ainda mais conhecimento. Esta obra, portanto, é a união de temas que estudo há décadas. Não teria como escrever algo assim se minha relação com essas histórias fosse superficial. Não bastaria saber técnicas de escrita e ter lido os evangelhos uma vez. Durante o tempo em que investi decifrando o código do Rabi, recorri diversas vezes a livros que já tinha lido, fiz e refiz anotações, vi filmes sobre Jerusalém e os judeus. Busquei também conteúdos sobre a comunicação moderna e comparei com o que o Mestre fez.

Quanto mais tempo você dedicar, mais conhecimento terá.

Voltemos à história do Rabi. Como narram os evangelhos, ele começa seu ministério público, ou seja, quando revela quem ele é e a que veio, ao encontrar João Batista, que o anuncia como o "Cordeiro de Deus que tira o pecado do mundo" e o batiza. Em seguida, como diz a Bíblia, acontece algo extremamente marcante.

Prepare-se para os testes

> Jesus, cheio do Espírito Santo, voltou do Jordão e foi levado pelo Espírito ao deserto, onde, durante quarenta dias, foi tentado pelo Diabo. Não comeu nada durante esses dias e, ao fim deles, teve fome.
>
> O Diabo lhe disse: "Se és o Filho de Deus, manda esta pedra transformar-se em pão".

> Jesus respondeu: "Está escrito: 'Nem só de pão viverá o homem' ".
>
> O Diabo o levou a um lugar alto e mostrou-lhe num relance todos os reinos do mundo.
>
> E lhe disse: "Eu te darei toda a autoridade sobre eles e todo o seu esplendor, porque me foram dados e posso dá-los a quem eu quiser. Então, se me adorares, tudo será teu".
>
> Jesus respondeu: "Está escrito: 'Adore o Senhor, o seu Deus, e só a ele preste culto' ".
>
> O Diabo o levou a Jerusalém, colocou-o na parte mais alta do templo e lhe disse: "Se és o Filho de Deus, joga-te daqui para baixo. Pois está escrito:
>
> " 'Ele dará ordens a seus anjos a seu respeito, para o guardarem; com as mãos eles os segurarão, para que você não tropece em alguma pedra' ".
>
> Jesus respondeu: "Dito está: 'Não ponha à prova o Senhor, o seu Deus' ".
>
> Tendo terminado todas essas tentações, o Diabo o deixou até ocasião oportuna. (Lucas 4.1-13)

O Rabi foi tentado, ou, melhor, foi testado, num período de extrema fragilidade, já que estava há dias sem comer nada. Jesus passou trinta anos sendo preparado e se preparando para o momento em que anunciaria suas ideias ao mundo. E, logo no início, foi testado pelo Inimigo. Todos somos e seremos. E, quando vencemos os testes, passamos para o próximo nível.

Você acha essa história do Mestre fantasiosa? Pois observe por este ângulo: assim como ele, todos nós temos inimigos.

Mesmo que o inimigo não seja uma pessoa. Inimigo é tudo aquilo que pode impedir que você cumpra seu rumo. É como nos filmes. O vilão não quer matar o mocinho. Ele quer fazer algo terrível (mas que é bom para ele) e impedir que o herói o atrapalhe. Os nossos inimigos querem nos deter.

Veja qual foi a primeira tentação. O filho de Maria estava com **fome**, e seu opositor disse: "Se és o Filho de Deus, manda esta pedra transformar-se em pão".

O Mestre estava há dias de barriga vazia. O Texto Sagrado diz que ele ficou no deserto sendo tentado por quarenta dias. Você consegue imaginar o que ele sentia?

Comer é uma necessidade básica de todo ser humano. Sem comida, o corpo enfraquece e morre. Muitas vezes, somos tentados em meio às nossas necessidades. Temos um objetivo, estamos no caminho e... surge uma necessidade.

É claro que temos que resolver a questão; se não suprirmos a necessidade que temos, não sairemos do lugar. O ponto é que corremos o risco de focar mais as necessidades do que o nosso objetivo. Ou pior: para dar fim à nossa necessidade, podemos acabar fazendo acordos com quem vai nos desviar do nosso caminho. Necessidades devem ser supridas ou controladas. E o rumo tem que ser alcançado.

A segunda proposta foi esta:

> O Diabo o levou a um lugar alto e mostrou-lhe num relance todos os reinos do mundo. E lhe disse: "Eu te darei toda a autoridade sobre eles e todo o seu esplendor, porque me foram dados e posso dá-los a quem eu quiser. Então, se me adorares, tudo será teu".

Aqui, o Rabi foi tentado no âmbito da vaidade. Quem não quer poder? O filho de Maria recebeu como promessa todos os reinos do mundo. Bastava adorar seu inimigo. À nossa porta vão surgir propostas de sucesso "fácil" em várias áreas.

Alguns anos atrás, reencontrei um amigo jornalista que trocou a vida de repórter pela de funcionário público. Em determinado momento, uma unidade das Forças Armadas abriu concurso para comunicador social. Era uma vaga temporária, de sete anos. Esse meu amigo é filho de militar, e seu pai fez muita campanha para ele fazer a prova, lembrando como ele ganharia respeito por usar farda e as vantagens da profissão, por exemplo, ter uma rede de saúde exclusiva. Ele simpatizou com a ideia e aceitou o desafio também por outros dois motivos: o salário era maior do que ele recebia na época e ele seria oficial daquela força militar.

Sete anos depois de ter sido aprovado e se tornado oficial, o tempo de serviço acabou, e ele teve de deixar o emprego. Mas não ficou desempregado. Na sequência, foi trabalhar na empresa de um antigo superior, já aposentado do serviço militar. Esse meu amigo continuava tendo uma boa condição de vida e foi muito bem-sucedido na sua vida de militar.

Um dia, porém, ele me confessou ter se arrependido. Disse que tudo o que ele queria na vida era, como repórter, cobrir uma Copa do Mundo, mas, como optou pela carreira militar, o tal sonho se tornou impossível. Fiquei até com dó dele quando ele falou da Copa do Mundo no Brasil em 2014. Quando o mundial de futebol é em outro país, os jornais, TVs e rádios enviam poucos repórteres. Não é toda a equipe de esportes que vai para a cobertura porque é muito caro. Mas, como aquela Copa foi no Brasil, repórteres de outros editoriais foram escalados para ajudar a equipe esportiva. Uns nada sabiam de futebol ou nem gostavam de ver a bola rolando. Lembro-me de meu amigo ter dito: "Até fulano (em referência a um colega que não curte esportes) cobriu uma Copa do Mundo, e eu, não".

Nada contra a vida militar. Meu pai, Dario, é oficial da reserva da Marinha do Brasil, e isso muito nos orgulha. Mas, no caso do meu amigo repórter, essa escolha deixou arrependimento. Ele seguiu a carreira pela vaidade de ser oficial e ter mais dinheiro, deixando para trás seu velho sonho.

A terceira e última tentação desse trecho é esta:

> O Diabo o levou a Jerusalém, colocou-o na parte mais alta do templo e lhe disse: "Se és o Filho de Deus, joga-te daqui para baixo. Pois está escrito:
>
> " 'Ele dará ordens a seus anjos a seu respeito, para o guardarem; com as mãos eles os segurarão, para que você não tropece em alguma pedra' ".

Essa é traiçoeira demais. Essa tentação mexe com o orgulho. Aqui, o Inimigo provoca o Rabi, questionando se ele é poderoso mesmo. Muitos de nós vivem querendo provar aos outros o que são e a que vieram. Isso é orgulho e pode ser fatal.

Quem cai nessa "pilha" acaba comprando pequenas "guerrinhas" ao longo da vida, e isso faz que se desvie do caminho. Quem nunca ouviu isso: "Se você é bom mesmo, quero ver você ir lá e fazer isso ou aquilo". Acontece na comunicação e no nosso posicionamento diante das pessoas. Para provarmos que "somos o que somos", tomamos muitas atitudes sem pensar e acabamos errando feio.

Pois bem. O Mestre preferiu continuar com fome, sem ser dono dos reinos deste mundo e sem provar que era poderoso para seguir seu caminho. Portanto, prepare-se para enfrentar testes assim. Quando você se posicionar diante da opinião pública, muitos questionamentos e propostas vão surgir. É mais do que natural. Conte com isso porque vai acontecer. Aliás, provas são fundamentais, são oportunidades de você aplicar o que aprendeu e o meio que terá para passar de fase.

Quando Jesus venceu a tentação oferecida pelo Inimigo, ele deu o próximo passo dentro de seu rumo. Ao final da história, temos esta informação: "Jesus voltou para a Galileia no poder do Espírito, e por toda aquela região se espalhou a sua fama" (Lucas 4.14).

O filho de Maria passou de fase ao vencer a tentação e viu sua fama se espalhar por toda a região. Você tem dúvidas de que tudo seria diferente se ele não tivesse resistido? Eu não tenho.

A história, porém, não termina aí. Depois de superar sua **necessidade básica, a vaidade e o orgulho**, Jesus teve mais um duro desafio pela frente: a rejeição.

Sabe por que enfrentar e vencer isso é importante? Porque ter base não é apenas ter conhecimento sobre alguma área. É também ter equilíbrio e inteligência emocional para comunicar suas ideias. São inúmeros os exemplos de respostas mal dadas nas redes que criaram crises imensas. São infinitos os casos de publicações que "erraram a mão" e geraram danos à imagem de quem a publicou.

O que mexe com nossas necessidades, vaidade e orgulho pode virar feridas emocionais, e essas lesões alteram nossa capacidade de comunicar. O modelo de comunicação de Jesus nos ensina a não revidar. Diante da tentação no alto do monte, ele apenas resistiu. Não deu o troco, não disse umas verdades nem cobrou respeito. Ele resistiu calado e seguiu em frente.

Na sequência dessa história, o Rabi voltou para Nazaré, cidade onde passou a maior parte da sua vida, e começou a divulgar sua mensagem. Foi quando aconteceu algo ainda pior.

> Todos falavam bem dele, e estavam admirados com as palavras de graça que saíam de seus lábios. Mas perguntavam: "Não é este o filho de José?"
>
> Jesus lhes disse: "É claro que vocês me citarão este provérbio: 'Médico, cura-te a ti mesmo! Faze aqui em tua terra o que ouvimos que fizeste em Cafarnaum' ".
>
> Continuou ele: "Digo a verdade: Nenhum profeta é aceito em sua terra. Asseguro a vocês que havia muitas viúvas em Israel no tempo de Elias, quando o céu foi fechado por três anos e meio, e houve uma grande fome em toda a terra. Contudo, Elias não foi enviado a nenhuma delas, senão a uma viúva de Sarepta, na região de Sidom. Também havia muitos leprosos em Israel no tempo de Eliseu, o profeta; todavia, nenhum deles foi purificado —somente Naamã, o sírio".
>
> Todos os que estavam na sinagoga ficaram furiosos quando ouviram isso. Levantaram-se, expulsaram-no da cidade e o levaram até ao topo da colina sobre a qual fora construída a cidade, a fim de atirá-lo precipício abaixo. Mas Jesus passou por entre eles e retirou-se. (Lucas 4.22-30)

Aqui, novamente, o filho de Maria não revidou. Ele fugiu para não ser assassinado. E o Mestre não voltou depois para se vingar, nem gastou tempo pensando em como "dar uma lição, um corretivo". Nada disso. Ele seguiu seu rumo. Um plano de vingança, certamente, o desviaria do seu caminho. Jesus não perdia tempo com confusão. Sempre teve os olhos fixos em seu objetivo.

Você conhece a história de Malala Yousafzai, a jovem paquistanesa que defende o direito de as mulheres terem acesso à educação? A menina nasceu e cresceu em uma região dominada pelo grupo terrorista talibã, que proibia as mulheres de estudar. Em 2008, Malala tinha 11 anos e, com um nome fictício (para não ser perseguida), mantinha um *blog* no qual escrevia sobre a ocupação talibã. A família dela administra uma rede de escolas, por isso o tema educação sempre esteve em seu dia a dia. No ano seguinte, o jornal americano *The New York Times* produziu um documentário sobre o cotidiano de Malala, e a menina começou a ganhar notoriedade, passando a dar entrevistas e mais entrevistas e a servir de inspiração mundo afora.

Seu discurso em defesa de que as meninas frequentassem escolas a deixou tão famosa que ela se tornou alvo dos terroristas. Em 9 de outubro de 2012, Malala, aos 15 anos, estava em uma *van* escolar quando um homem entrou e perguntou quem daquele grupo era Malala. Mesmo o sujeito portando uma arma, a adolescente se levantou e se identificou. No segundo seguinte, o covarde talibã apontou a pistola e atirou três vezes na garota. Um dos projéteis atingiu o rosto de Malala. Ela foi levada em estado grave para um hospital. Quando seu quadro melhorou um pouco, a menina foi transferida para uma unidade de saúde na Inglaterra. Três meses depois do ataque, Malala recebeu alta. Estava bem.

O tiro não calou a voz da menina, que continuou entregando sua mensagem pelo mundo. Em 12 de julho de 2013, no dia de seu aniversário de 16 anos, Malala fez um impactante discurso na Assembleia da Juventude, na ONU, em Nova York. O atentado que sofrera havia acontecido havia apenas nove meses, e Malala foi bem clara:

> Caras irmãs e irmãos, eu não estou aqui contra ninguém. E também não estou aqui para falar de vingança pessoal contra o talibã ou qualquer outro grupo terrorista. Estou aqui para defender o direito de cada criança à educação. Eu quero educação para os filhos e filhas do talibã e de todos os terroristas e extremistas.[1]

Dois anos depois de levar um tiro no rosto, a paquistanesa recebeu o Nobel da Paz. Hoje, enquanto este livro é escrito, Malala tem 23 anos e é a maior referência entre ativistas pela educação em todo o mundo. Ninguém é mais famoso ou respeitado do que ela quando se debate o direito de crianças irem à escola.

Malala não deixou a pobreza do Paquistão atrapalhar sua mensagem. Ela não permitiu que o medo a freasse. O tiro do talibã não parou a menina. Por fim, Malala não deixou que a raiva ou a vingança atravessassem o caminho de sua mensagem. Ela foi em frente.

---

[1] BURNET, Andrew. **50 discursos que marcaram o mundo moderno**. Porto Alegre: L&PM, 2019, p. 296.

Dois mil anos atrás, Jesus escolheu este caminho: ir em frente, sem olhar para trás. O trecho de Lucas citado anteriormente mostra que o Nazareno foi rejeitado em sua própria terra. Os religiosos e pessoas da cidade não conseguiam entender como o "filho do José", o carpinteiro, poderia ser o Salvador.

O Rabi nos alerta: "Nenhum profeta é aceito em sua terra".[2]

Se já não aconteceu, muito provavelmente irá acontecer com você: quando você divulgar suas ideias e se posicionar diante do público, as pessoas do seu lugar de origem e que o conhecem irão se surpreender, e muitos irão rejeitá-lo.

"Mas como pode? Esse aí não é aquele que tirou zero em português na escola?"; "Ué, esse não é o fulano que chegava atrasado à aula de sexta-feira?"; "Mas esse não é aquele que tinha medo de falar em público?". Esses são alguns tipos de perguntas que podem fazer para tentar diminuir quem você é.

Com base nesta história, deixo um conselho: não se importe com a rejeição de quem é da **sua terra**. Não permita que esse sentimento altere sua mensagem e comprometa seu rumo. Faça como o maior comunicador de todos os tempos: siga em frente, de olho no seu objetivo. Veja o que ele fez após ser rejeitado e escapar da morte:

> Então ele desceu a Cafarnaum, cidade da Galileia, e, no sábado, começou a ensinar o povo. Todos ficavam maravilhados com o seu ensino, porque falava com autoridade. (Lucas 4.31,32)

[2] Lucas 4.24.

Perseguição

Não se engane: em algum momento, você será perseguido. Por mais que não mereça ou ache que não mereça. Foi assim com o Rabi. Aliás, o filho de Maria conviveu com a perseguição já nos seus primeiros dias. Em Mateus 2.13, lemos que, durante um sonho, um anjo aparece a José e diz: "Levante-se, tome o menino e sua mãe, e fuja para o Egito. Fique lá até que eu diga a você, pois Herodes vai procurar o menino para matá-lo".

Herodes era o tetrarca da Galileia, espécie de rei da região onde Jesus nasceu, e chegou aos ouvidos dele que uns magos procedentes do Oriente desejavam saber onde estava o "recém--nascido rei dos judeus", pois queriam adorá-lo. O versículo 3 de Mateus 2 diz que o rei Herodes ficou perturbado ao ouvir isso. O rei, certamente, temeu perder seu trono para o "Rei dos judeus" que acabara de nascer e decidiu matá-lo. Para isso, esperava contar com a ajuda dos magos e pediu que eles o informassem sobre o paradeiro do bebê. Mas os magos que vieram do Oriente não fizeram isso. O versículo 16 de Mateus 2 nos informa que, "quando Herodes percebeu que havia sido enganado pelos magos, ficou furioso e ordenou que matassem todos os meninos de dois anos para baixo, em Belém e nas proximidades, de acordo com a informação que havia obtido dos magos".

O Mestre nasceu e, antes que aprendesse a falar, teve que fugir, no colo de sua mãe, para o Egito. A perseguição acompanhou a vida do filho de Maria.

> Estavam sentados ali alguns mestres da lei, raciocinando em seu íntimo: "Por que esse homem fala assim?

Está blasfemando! Quem pode perdoar pecados, a não ser somente Deus?". (Marcos 2.6,7)

O Mestre, agora já adulto, tinha acabado de dizer que os pecados de um paralítico estavam perdoados. Por isso, os mestres da lei disseram que ele estava "blasfemando". Como vimos no capítulo "Autoridade", fariseus e saduceus a todo tempo rodeavam Jesus fazendo perguntas para deixá-lo em má situação. Isso é um tipo de perseguição.

Quando começou a divulgar sua mensagem e voltou para Nazaré, cidade onde nasceu, o filho de Maria foi rejeitado pelos moradores, que correram atrás dele na intenção de agarrá-lo e lançá-lo precipício abaixo, segundo o relato de Lucas 4.28,29:

"Todos os que estavam na sinagoga ficaram furiosos quando ouviram isso. Levantaram-se, expulsaram-no da cidade e o levaram até ao topo da colina sobre a qual fora construída a cidade, a fim de atirá-lo precipício abaixo".

Em Mateus 26.59,60, lemos que

"os chefes dos sacerdotes e todo o Sinédrio estavam procurando um depoimento falso contra Jesus, para que pudessem condená-lo à morte. Mas nada encontraram, embora se apresentassem muitas falsas testemunhas".

Até testemunhas falsas foram usadas contra o filho de Maria.

Por causa da perseguição que sofria, o Rabi teve que evitar ir a certos lugares quando a oposição a ele estava mais acirrada, como vemos em João 7.1: "Depois disso Jesus percorreu a Galileia, mantendo-se deliberadamente longe da Judeia, porque ali os judeus procuravam tirar-lhe a vida".

Certa vez, no templo, o Nazareno estava num debate com os fariseus e disse ser o filho de Deus. Os judeus contestaram: " 'Você ainda não tem cinquenta anos, e viu Abraão?' Respondeu Jesus: 'Eu afirmo que antes de Abraão nascer, Eu Sou!' ".[3]

Diante dessa resposta, o Rabi viu a perseguição virar fúria. Veja o que diz João 8.59: "Então eles apanharam pedras para apedrejá-lo, mas Jesus escondeu-se e saiu do templo".

Até que chegou o dia em que a raiva que sentiam do Cristo se transformou num plano mortal, como nos mostra Mateus 26.3,4: "Naquela ocasião, os chefes dos sacerdotes e os líderes religiosos do povo se reuniram no palácio do sumo sacerdote, cujo nome era Caifás, e juntos planejaram prender Jesus à traição e matá-lo".

Apesar de toda a perseguição, o maior comunicador de todos os tempos não deixou de divulgar sua mensagem. Em determinado momento, ele evitou certas localidades, correu, escondeu-se, fugiu, mas não se calou. Até na cruz, na hora de sua morte física, ele seguiu dando esperança às pessoas, como no caso do ladrão que morreu ao seu lado. O Rabi não deixou que a opressão e a repressão o paralisassem. Suas palavras eram mais importantes do que seu medo. Se a sua mensagem

---

[3] João 8.57,58.

for realmente valiosa, você terá a força necessária para superar as perseguições.

Pense agora na terrível experiência que o Rabi teve com Judas. Iscariotes era um de seus 12 escolhidos e o traiu. Jesus sabia o que aconteceria e, de acordo com o relato do livro de Mateus, quando viu seu traidor, perguntou: "Amigo, o que o traz?".[4] Já no livro de Lucas, o Mestre dos mestres questiona Iscariotes assim: "Com um beijo você está traindo o Filho do homem?".[5] No momento em que a traição se consumou, com Judas dando um beijo em seu líder para entregá-lo aos inimigos, o Mestre não resmungou, nem xingou Judas, nem jurou vingança. Como relatam os evangelhos, na hora em que os soldados avançaram na direção de Jesus, Pedro saiu em defesa dele e sacou da bainha uma espada para enfrentar os militares. Só que o próprio Nazareno, imediatamente, conteve o impulso de Pedro. Nisso, ele se virou para os soldados e questionou:

> "Estou eu chefiando alguma rebelião, para que vocês tenham vindo com espadas e varas? Todos os dias eu estive com vocês no templo e vocês não levantaram a mão contra mim. Mas esta é a hora de vocês — quando as trevas reinam".[6]

> Se a sua mensagem for realmente valiosa, você terá a força necessária para superar as perseguições.

[4] Mateus 26.50.
[5] Lucas 22.48.
[6] Lucas 22.52,53.

Pois bem. Jesus foi traído, mas seguiu em frente. Não ficou remoendo a atitude de Judas. Isso nos deixa mais uma poderosa lição. A pessoa que o trai e sai da sua vida causa um mal terrível. Só quem passou por algo do tipo sabe como é. Agora, o que você vai fazer com essa dor influencia o seu futuro. Se você quiser dar o troco, dizer umas verdades ou coisas do tipo, estará decidindo parar no meio do caminho.

Meu conselho é que você faça como Jesus: siga na direção de seu rumo. Sabemos como Judas entrou para a história, mas também como Jesus é lembrado. Siga em frente. Nenhuma vingança vale mais do que o seu rumo.

Quem tem base (conhecimento e equilíbrio) se mantém firme e não se desvia da estrada que levará à conquista de seu sonho. Porque muitos pegam um desvio (para suprir uma necessidade, vaidade, orgulho, rejeição, raiva), param por causa de perseguições e, depois, não conseguem voltar ao caminho principal.

Depois que você define seu rumo e forma sua base, precisa saber como divulgar o que sabe (informação). Esses três pontos — rumo, base e informação — é que dão a autoridade que influencia pessoas.

capítulo 4
INFORMAÇÃO

O que temos na nossa base precisa ser transformado em informação. Hoje, um professor de 40 anos de idade que dá aula no ensino médio usa computadores, música, projeção de imagens e outras ferramentas e tecnologias para ensinar seus alunos. Quando ele aprendeu, não havia nada disso. Esse professor aprendeu de um jeito e ensina de outro. A forma que ele ensina hoje é adaptada para as gerações da atualidade.

Na comunicação, precisamos adotar uma mentalidade semelhante. O conhecimento que temos precisa ser processado e adaptado para o nosso público. Com base no exemplo do maior comunicador de todos os tempos, precisamos preparar a mensagem que vamos divulgar, baseada em três pontos básicos:

— Linguagem acessível

— Histórias que façam sentido para o público

— Fidelidade ao assunto

A língua do povo

E Pilatos escreveu também um título, e pô-lo em cima da cruz; e nele estava escrito: JESUS NAZARENO, O REI

DOS JUDEUS. E muitos dos judeus leram este título; porque o lugar onde Jesus estava crucificado era próximo da cidade; e estava escrito em hebraico, grego e latim. (João 19.19,20, ACF)

Os quatro livros que narram a história de Jesus contam que sobre a cruz do Mestre foi colocada uma placa, como mostra o trecho destacado acima. No entanto, apenas o livro de João traz a preciosa informação de que a frase foi escrita em hebraico, grego e latim. Isso indica que as três línguas faziam sentido para quem estava acompanhando a crucificação. Nesse trecho, em algumas traduções da Bíblia em português, a palavra "hebraico" é substituída por "aramaico". Mas, no texto original, está escrito "hebraico". E isso é importante, pois, como veremos em breve, o hebraico é a língua das cerimônias religiosas dos judeus e, ao usá-la, principalmente junto com o latim, a placa ganha caráter oficial.

Comunicar na língua ou linguagem de quem recebe a mensagem é fundamental para que as ideias sejam compreendidas. Sabe em qual dessas três línguas Jesus divulgou sua mensagem? Em nenhuma delas.

O **hebraico** era a língua usada no ambiente religioso, falada pelos sacerdotes e homens da Lei mosaica. É como se fosse uma língua formal, muito importante na cultura judaica, tanto que toda criança judia, como Jesus, era alfabetizada na língua hebraica. Naquele tempo, no *bar mitzvah*, cerimônia que marca a passagem de um garoto judeu à vida adulta, aos 13 anos, o adolescente tinha que ler um trecho das Escrituras em hebraico. O filho de Maria passou por isso. Outra prova de que Jesus aprendeu essa língua está em Lucas 4.17,18, que diz:

INFORMAÇÃO

"E foi-lhe dado [a Jesus] o livro do profeta Isaías; e, quando abriu o livro, achou o lugar em que estava escrito: 'O Espírito do Senhor é sobre mim, pois que me ungiu para evangelizar os pobres. Enviou-me a curar os quebrantados de coração' " (ACF).

> Comunicar na língua ou linguagem
> de quem recebe a mensagem é fundamental
> para que as ideias sejam compreendidas.

Se o Mestre não soubesse a língua formal dos judeus, não teria conseguido ler o trecho. Muito provavelmente, o Messias era um poliglota. Podemos entender a importância dessa informação na comunicação dos dias de hoje de duas formas:

— Entender línguas estrangeiras, como inglês e espanhol, vai nos conectar com mais pessoas.
— Entender diferentes linguagens, ou seja, as muitas formas de comunicação (ainda que em português) nos fará alcançar mais tipos de pessoas. Um exemplo: se você é um escritor de livros, nunca vai atingir quem não lê livros. Mas, se você, além de livros, fizer vídeos contando suas ideias, certamente terá a chance de alcançar aquela pessoa.

Os dois saberes são muito importantes. Mas, dos dois, o segundo se sobressai: saber se comunicar de forma variada, para públicos diferentes, pode levar nossa comunicação mais longe. Foi isso que Jesus fez em sua caminhada por aqui.

As outras duas línguas usadas na placa sobre a cruz de Cristo eram o latim e o grego. O **latim** era a língua dos romanos, cujo império dominava a Terra Santa naquela época. O **grego** foi levado para a região quando o povo da Macedônia (norte da Grécia) invadiu terras do Oriente, cerca de trezentos anos antes de Cristo, e ocupou os territórios que hoje são o Líbano, parte da Síria, Israel e os do império persa, como Babilônia, Susã e Persépolis. Alguns especialistas contam ainda que, no século I, o grego também era usado em transações comerciais naquela região. Portanto, as duas línguas eram bastante significativas para os que viviam por lá nos anos de Cristo.

A língua, porém, que Jesus falava no seu dia a dia não era nenhuma dessas; era o aramaico. Esse idioma surgiu no período em que o povo de Israel viveu como escravo na Babilônia. É uma língua muito parecida com o hebraico, e podemos chamar as duas de "primas". Veja só: o livro de Gênesis, o primeiro da Bíblia, fala da existência de um homem chamado Sem, filho de Noé, que deu origem aos semitas (que um dia gerariam os judeus). Na linhagem dele, está seu bisneto Héber (ou Éber), cuja descendência foram os hebreus, com a sua língua, o hebraico, povo esse que viveu num território expandido do que conhecemos hoje como Estado de Israel. Um dos filhos de Sem, Aram (ou Arã), deu origem aos arameus e à língua aramaica. Esse povo cresceu em territórios da atual Síria, Iraque e Turquia oriental.

Quando os hebreus foram escravizados e levados para as terras do Império Babilônico, cerca de 600 a.C., começaram a absorver o aramaico, que era falado pelos babilônios, sírios, assírios e demais povos daquela região. O império, que durou de 626 a.C. a 539 a.C., dominou terras que compreendiam

INFORMAÇÃO

parte da atual Arábia Saudita, Israel, Palestina, Jordânia, Síria, Iraque e Irã.

Séculos depois, os hebreus voltaram para sua terra e levaram o aramaico com eles. O idioma já estava completamente impregnado neles. O aramaico era, portanto, a língua do povo. Jesus era estudioso das Escrituras Sagradas. Ele entendia o hebraico a ponto de debater com a nata dos judeus. Mas, na hora de divulgar sua mensagem, preferiu usar a língua popular, aquela que todos iriam entender.

Hoje em dia, tem gente que erra, e muito, quando tenta "falar bonito, falar difícil". Gente que quer usar termos sofisticados e refinados para impressionar o público, mas que acaba não sendo entendida. Outro erro é usar termos técnicos, expressões que são entendidas por apenas um grupo. Nesse ponto, o jornalismo dá aula. Os repórteres escrevem sobre os mais diversos assuntos, de decisões do Supremo Tribunal Federal a pesquisas científicas, informando tudo de um modo que todos possam entender. Assim, o mais simples dos leitores é capaz de se inteirar do que os ministros do STF fizeram.

Um comunicador de verdade sabe escolher a melhor forma de contar e "traduzir" as informações para seu público.

Veja esta frase de Nelson Mandela (1918-2013), o ex-presidente da África do Sul, que é uma grande aula de comunicação: "Se você falar com um homem numa linguagem que ele compreende, isso entra na cabeça dele. Se você falar com ele em sua própria linguagem, você atinge o seu coração".[1]

---

[1] Disponível em: <https://www.hojeemdia.com br/primeiro-plano/mundo/dez-cita%C3%A7%C3%B5es marcantes-do-ex-presidente-da-%C3%

Se o seu público-alvo é culto, então use palavras que ele entende. Mas, se a linguagem de seu público é popular, seja mais simples e fale da forma que ele compreende. Anos atrás, o Brasil teve um presidente que era apegado à norma culta da língua portuguesa. O seu jeito de falar era formal e, ainda por cima, ele tinha mania de usar mesóclises, que são colocações pronominais no meio dos verbos e usadas nos futuros do presente e do pretérito. Para boa parte dos brasileiros, somente essa descrição já é difícil de entender.

Um comunicador de verdade
sabe escolher a melhor forma de contar
e "traduzir" as informações para seu público.

Certa vez, esse presidente disse: "Nenhuma dessas reformas alterará os direitos adquiridos pelos cidadãos brasileiros. Quando menos fosse, sê-lo-ia pela minha formação democrática e pela minha formação jurídica".

"Sê-lo-ia" é uma das mesóclises que ele gostava de usar. Poderia, simplesmente, dizer: "Nenhuma dessas reformas irá alterar os direitos que todos os brasileiros já têm. Porque, no mínimo, a minha formação democrática e jurídica não deixaria que o país tomasse uma atitude dessa".

Muito mais compreensível, não é mesmo?

O excesso de formalidade em um país com mais de 11 milhões de analfabetos e no qual grande parte da população

A1frica-do-sul-nelson-mandela-1.226444>. Acesso em: 13 maio 2021.

INFORMAÇÃO

usa a linguagem informal para se comunicar fez o presidente virar piada.

As brincadeiras com a forma de falar desse presidente foram tantas que ele mesmo resolveu rir de si mesmo. Num discurso, ele disse assim: "Eu sei o que fazer no governo e saberei como conduzir. Se perceber que houve equívoco na condução do governo, reverei essa posição, consertá-lo-ei". Nesse momento, ele riu e completou: "Vocês gostaram do 'ei', né? Pois consertá-lo-ei".

É sabido que são muitos os fatores que transformam uma pessoa em um político popular. A linguagem é só um deles, mas muito importante. Quem não fala a língua das multidões não se comunica com elas.

Jesus precisava espalhar sua mensagem pelo mundo. Então, tomou a decisão de fazer isso falando em aramaico, para que mais pessoas compreendessem. E o Mestre, certamente, soube transmitir suas ideias aos que preferiam outras linguagens. Ele conquistou, por exemplo, pessoas que dominavam o hebraico, como José de Arimateia e Nicodemos, ambos ricos, da elite dos judeus e membros do Sinédrio; e o latim, como o centurião romano descrito em Lucas 7.1-16, que pediu que o Mestre curasse um de seus empregados. Esse oficial do exército romano era o sexto na hierarquia militar e comandava cem homens treinados para lutar até a morte.

Escolher as palavras é fundamental para que sua comunicação atinja o objetivo determinado. E não é você quem determina isso; é o seu público-alvo. E muita pretensão acreditar que "as pessoas têm que entender o seu jeito". Não é assim. Se você quer comunicar, precisa facilitar a compreensão.

Faça este exercício prático para absorver ao máximo essa lição:

1. Que palavras ou expressões você não pretende mais usar na hora de se comunicar com o seu público?
2. Que palavras ou expressões você passará a usar?
3. Por que você usou palavras ou expressões inadequadas nas suas comunicações?

As poderosas ferramentas do Mestre

> Naquele mesmo dia, Jesus saiu de casa e assentou-se à beira-mar. Reuniu-se ao seu redor uma multidão tão grande que, por isso, ele entrou num barco e assentou-se. Ao povo reunido na praia Jesus falou muitas coisas por parábolas, dizendo: "O semeador saiu a semear". (Mateus 13.1-3)

Além de falar com as palavras que as multidões entendiam, o maior comunicador de todos os tempos usava duas poderosas ferramentas para espalhar suas ideias e fixá-las em seu público: metáforas e contação de histórias.

A metáfora, uma figura de linguagem, segundo o *Dicionário Houaiss*, é uma "designação de um objeto ou qualidade mediante uma palavra que designa outro objeto ou qualidade que tem com o primeiro uma relação de semelhança". Quando Jesus passou diante de João Batista, por exemplo, o profeta disse que ele era o "Cordeiro de Deus, que tira o pecado do mundo", lembra-se? Pois bem. Aqui, João Batista usou uma metáfora. Como sabemos, Jesus não era literalmente um cordeiro, o animal de quatro patas. Mas o uso da expressão passa a ideia de que o Messias era aquele que, assim como um cordeiro, seria sacrificado para tirar o pecado. A metáfora e suas comparações facilitam que as pessoas compreendam a mensagem.

No trecho bíblico destacado anteriormente, o autor escreve que Jesus "falou muitas coisas por parábolas". Segundo o *Dicionário Porto*, da língua portuguesa, parábola é uma "narração alegórica que encerra algum preceito de moral ou verdade importante".

Em outras palavras, a parábola é uma forma de **contar histórias** com uso de **metáfora** para se formar consenso sobre um assunto ou passar uma lição.

Hoje em dia, há diversos cursos de *storytelling* (narrativa, em português) oferecidos no mercado, quer por profissionais brasileiros quer por estrangeiros, cursos dos mais variados preços e durações, de introduções a intensivos. São anunciados como a melhor forma de engajar sua audiência, promover sua marca e alcançar bons resultados. Parece uma novidade revolucionária, mas é exatamente o que Mestre fazia dois mil anos atrás, no Oriente Médio.

Jesus contou dezenas de parábolas. Há divergência quanto ao número exato, que varia de 40 a 47. Há umas que são semelhantes, e outras, que, na verdade, são só uma metáfora. Portanto, considero que o Messias, em sua trajetória relatada nos evangelhos, contou 44 parábolas. Desse total, 16 fazem alusão a sementes, semeadores, vinho, joio, trigo, figueira, ovelhas, fermento. Quase metade fala de pastor e rebanho, plantar e colher, semear, enterrar, servir. Sabe por quê? Porque, naquela época, quase todos eram homens do campo, agricultores, pastores, gente que plantava e colhia, cuidava de animais ou servia a alguém.

O que o maior comunicador de todos os tempos fez foi adaptar suas lições ao dia a dia daquelas pessoas. Grande parte das 44 parábolas é sobre o Reino dos céus, sobre quem o espera, sobre quem se arrepende e entra nele, sobre como ele é. E, para não parecer algo tão distante, o Rabi o compara com coisas do dia a dia de seu público.

Veja três exemplos a seguir.

Parábola do tesouro escondido

> "O Reino dos céus é como um tesouro escondido num campo. Certo homem, tendo-o encontrado, escondeu-o de novo e, então, cheio de alegria, foi, vendeu tudo o que tinha e comprou aquele campo." (Mateus 13.44)

Atualmente, não faz sentido falar em enterrar um tesouro em um campo e comprá-lo depois, por mais que isso seja possível. Hoje, colocaríamos nosso tesouro no banco, no mercado de investimentos ou, talvez, no de imóveis. Mas, naquele tempo, não havia essa possibilidade. E os judeus entendiam muito bem quão necessário era proteger algo de valor e como era óbvia a ideia de enterrá-lo em algum lugar para poder pegar depois. Com essas palavras, o Mestre comunicou que o Reino dos céus é tão valioso que vale mais do que tudo o que uma pessoa pode ter neste mundo.

Parábola da ovelha perdida

> "Qual de vocês que, possuindo cem ovelhas, e perdendo uma, não deixa as noventa e nove no campo e vai atrás da ovelha perdida, até encontrá-la? E quando a encontra, coloca-a alegremente nos ombros e vai para casa. Ao chegar, reúne seus amigos e vizinhos e diz: 'Alegrem-se comigo, pois encontrei minha ovelha perdida'. Eu lhes digo que, da mesma forma, haverá mais alegria no céu por um pecador que se arrepende do que por noventa e nove justos que não precisam arrepender-se." (Lucas 15.4-7)

A relação do povo de Israel com os animais era diária. Era o sustento de boa parte das famílias. Os homens e mulheres que ouviram Jesus frente a frente sabiam da importância de buscar a ovelha que se perdeu. Quem vive nas grandes cidades do século XXI simplesmente não se importaria assim. Numa situação dessa, pegaria o *smartphone* e compraria um animal novo por meio de algum aplicativo, e o bicho seria entregue em 24 horas na porta de casa. Mas no tempo de Jesus era diferente. Aqueles homens e mulheres sentiam quando perdiam uma ovelha. Na metáfora de Jesus, a ovelha é um pecador que se afasta do rebanho (aqueles que seguem a Deus, o grande Pastor, a Voz que guia).

Quando o pecador se arrepende de seus maus caminhos e volta para o rebanho, Deus fica radiante.

Parábola da figueira sem folhas

> Ele lhes contou esta parábola: "Observem a figueira e todas as árvores. Quando elas brotam, vocês mesmos percebem e sabem que o verão está próximo. Assim também, quando virem estas coisas acontecendo, saibam que o Reino de Deus está próximo". (Lucas 21.29-31)

Jesus está falando sobre a tão esperada e debatida chegada do Reino de Deus, quando ele buscará os que o amam e os levará para os céus. Num trecho anterior, o Mestre cita eventos que serviram de anúncio para o fim dos tempos e os compara com uma figueira, umas das árvores mais comuns daquela região, que começa a florescer perto do verão. Os homens e mulheres daquela época sabiam que, quando uma figueira começa a ganhar novas folhas, é porque a estação do calor está chegando. Isso acontecia todo ano e desde sempre. Com essa parábola, eles entenderam que antes da "vinda do Reino dos céus" haverá sinais indicando o que vai acontecer. O poder da metáfora é tão forte que tenho certeza de que os que ouviram essa história sempre se lembravam da lição ao ver uma figueira.

Isso é fascinante. Foi falando de forma simples e dando exemplos do dia a dia das pessoas que o maior Rabi da história fez sua mensagem se espalhar por Israel, cruzar o Oriente Médio e atingir todo o mundo.

Estratégia de divulgação

> Entrando Jesus num barco, atravessou o mar e foi para a sua cidade. (Mateus 9.1)

INFORMAÇÃO

Hoje em dia, quando um clube de futebol brasileiro tem jogadores com o mesmo nome, é comum que um deles adote sua cidade ou estado como "sobrenome". Nos anos 1990, surgiu no Campinense um habilidoso meia chamado Marcelo dos Santos, nascido em Campina Grande, no estado de Paraíba. Mas ele ficou famoso mesmo como Marcelinho Paraíba, que chegou à seleção brasileira nos anos 2000. O mesmo aconteceu com o zagueiro Eduardo Luís de Souza, que surgiu no Guarani, de Campinas, SP, no final dos anos 1990, passou por grandes clubes do Brasil, e que todos conhecem como Edu Dracena. No caso, Dracena é a cidade natal do zagueiro e fica no interior de São Paulo.

Essa prática era extremamente comum nos tempos de Jesus. As pessoas eram conhecidas por causa do nome de sua cidade de origem. Paulo de Tarso, o apóstolo, por exemplo, era da cidade de Tarso, na atual Turquia. Jesus, que nasceu em Belém, ficou conhecido pelo nome da cidade em que passou a infância e juventude: Nazaré.

Quando, porém, começou a divulgar sua mensagem, o Mestre escolheu outra cidade onde viver. Nazaré era muito pequena e alvo de preconceito dos judeus. Uns moradores de lá tinham rejeitado Jesus, mas não foi isso que pesou. O fato é que Nazaré não se encaixava na estratégia do Rabi, embora recebesse muitas pessoas, já que servia de pouso para quem vinha de Damasco ou Jerusalém.

Jesus escolheu Cafarnaum para difundir sua mensagem. No trecho destacado anteriormente, a expressão "sua cidade" é referência a Cafarnaum, onde o Rabi passou a viver e que,

117

pelas rotas que existem hoje, distava 44 quilômetros de Nazaré. O lugar tinha mais moradores, maior fluxo de pessoas e uma importância que nem se compara à de Nazaré.

Na época do Mestre, Cafarnaum tinha uma alfândega, um posto militar e ficava entre um trecho da principal rota comercial da época, a Via Maris, e o mar da Galileia, que, na verdade, é um lago, também conhecido como mar de Tiberíades ou lago de Genesaré.

> Saindo, Jesus viu um homem chamado Mateus, sentado na coletoria (Mateus 9.9)

A alfândega é um posto de coleta de impostos. Cafarnaum ficava muito perto de um trecho da Via Maris (ou Estrada do Mar), que ligava o Egito à Síria e ao Líbano e passava por Cesareia Marítima, outra importante cidade de Israel. Logo, todas as mercadorias que cruzavam essa rota na Galileia eram tributadas na alfândega da cidade.

Portanto, Cafarnaum vivia cheia de comerciantes e suas caravanas.

> Entrando Jesus em Cafarnaum, dirigiu-se a ele um centurião, pedindo-lhe ajuda. (Mateus 8.5)

Um centurião era um oficial do Império Romano que tinha sob sua autoridade cem homens. Essa passagem do Livro Sagrado fala do centurião que morava em Cafarnaum, indicando que lá havia um destacamento militar, ou seja, mais gente de fora vivendo ali.

INFORMAÇÃO

Além disso, a sociedade da época era formada, principalmente, por agricultores e pescadores, que, pelas águas do mar da Galileia, podiam chegar a lugares muito distantes.

> Jesus ia passando por todas as cidades e povoados, ensinando nas sinagogas, pregando as boas-novas do Reino e curando todas as enfermidades e doenças. (Mateus 9.35)

O trecho bíblico anterior diz que, após fixar sua residência em Cafarnaum, o filho de Maria foi espalhando suas palavras nas cidades do entorno e fazendo milagres.

Nessa época, Jesus tinha cerca de 30 anos. E, como sabemos, ele viveu em carne e osso até os 33 anos. Os três anos que passou em Cafarnaum foram fundamentais para que sua mensagem chegasse aos quatro cantos da terra.

Nesse ponto, a estratégia do Rabi consiste em encontrar o **melhor lugar** onde falar. Porque, quando discursava em Cafarnaum — e ele fez isso na maioria das vezes —, o Mestre contava suas histórias para soldados romanos, comerciantes de distantes lugares do Oriente Médio e pescadores que navegavam pela Galileia. Os soldados voltavam para suas casas levando as palavras que ouviram, assim como os comerciantes que iam e vinham de longe e os pescadores que saíam pelo mar da Galileia. O famoso boca a boca ajudou a difundir as palavras de Cristo. Naquela época, 1.500 anos antes de inventarem a máquina de impressão de textos, 2 mil anos antes de criarem o rádio e a televisão, o boca a boca era o mais eficiente meio de divulgação.

Por mais que ele ainda seja poderoso nos dias de hoje, temos outros recursos mais eficientes. A invenção das mídias sociais deu a qualquer pessoa o poder de ser um comunicador. Não é mais necessário ser rico, comprar uma rádio ou uma emissora de TV para que milhares de pessoas saibam o que você diz. Basta usar as redes sociais com eficiência.

Dessa parte da história do maior comunicador de todos os tempos, podemos tirar uma grande lição: se você escolher o lugar certo para espalhar sua mensagem, terá sucesso.

O Rabi escolheu Cafarnaum para morar levando em conta sua posição estratégica, mas não se limitou a isso. Pelo contrário, o Nazareno levou sua mensagem a outras regiões. A trajetória dele é marcada pelas andanças, como vemos nestes versículos:

> Mas ele [Jesus] disse: "É necessário que eu pregue as boas-novas do Reino de Deus noutras cidades também, porque para isso fui enviado". E continuava pregando nas sinagogas da Judeia (Lucas 4.43,44)

Certa vez, quando eu era repórter do jornal *O Globo*, um dos dois maiores do Brasil, uma pessoa me sugeriu uma pauta: uma feira cultural em uma região carente do Rio. Ela queria de todas as formas que a matéria saísse em *O Globo*. Acontece que o jornal era mais lido por pessoas de classes sociais que não costumam frequentar aquela região da cidade. O grupo de comunicação tinha outros dois diários: o *Extra*, focado em notícias mais populares, cujo público inclui aquele que participaria da feira cultural, e o *Expresso*, que, por ser barato, era o produto mais popular. Sugeri, então, que a matéria saísse no *Extra*, mas o sujeito, veja só, não quis. Ficou até chateado comigo.

> Se você escolher o lugar certo para espalhar sua mensagem, terá sucesso.

O que ele queria mesmo era poder mostrar para as pessoas que seu evento "saiu em *O Globo*". Pura vaidade. Se ele quisesse que a feira enchesse de gente, deveria comunicar o evento no jornal popular, que chegava a pessoas "vizinhas" do local do evento. É claro que nessa região também havia quem lesse *O Globo*, mas o número era muito menor do que os leitores do *Extra*.

Esse produtor cultural não soube escolher o **melhor lugar** para sua mensagem. Se você vai divulgar o que precisa nos tradicionais meios de comunicação, precisa saber qual é o público que eles alcançam. Alcançam mulheres e/ou homens; a faixa etária; o rendimento ou potencial financeiro; as escolhas que esse público faz etc. A televisão tem um alcance com a potência de um canhão. Mas cada programa e faixa de horário têm um tipo de público.

Podemos analisar esse assunto também com a lógica das redes sociais. Quando esse é o caso, devemos criar conteúdo de acordo com as características de cada uma delas. Um especialista em *marketing* digital poderá lhe dar dicas mais profundas, mas, com base no que sabemos em 2021, quando este livro está sendo escrito, posso dizer que, no

Facebook, sua mensagem tem que buscar criar diálogo em torno de um assunto. É uma boa rede para conquistar e reverter a opinião de alguém.

No Instagram, quem reina são as imagens — em 2021, inclusive, a rede anunciou que vídeos passariam a gerar mais engajamento e isso, de fato, aconteceu.

Se você optar por fotos, saiba que elas têm que ser boas. Muitas vezes, as pessoas nem se preocupam em ler as legendas, querem ver uma foto bonita. Nessa rede, você terá mais chances de atrair pessoas que se identificam com você ou com o seu projeto. O "textão" que pode fazer sucesso no Facebook, não terá a mesma audiência no Instagram. E não se esqueça: dê preferência aos vídeos.

O TikTok é uma rede social de vídeos de 15 a 60 segundos. É muito popular entre adolescentes e jovens, mas segue conquistando mais usuários. Em geral, os conteúdos mais bem-sucedidos são divertidos, engraçados, com músicas e humor.

A rede virou um fenômeno na internet em 2019 e, em 2020, fez com que o Instagram criasse o Reels, vídeos curtos, de até 60 segundos, que competiriam com o TikTok.

Essa disputa mexeu com o mercado fazendo com que vídeos de curta duração, com trilhas e filtros se popularizassem. Hoje em dia, na hora de criar conteúdo, a pessoa pensa se vai ser um vídeo longo, com mais de um minuto, ou no "estilo Reels/TikTok". E muitos preferem a segunda opção.

O Twitter é a rede da informação e das mensagens ácidas e com muito humor. Nessa rede, as críticas são mais duras, e o golpe da opinião é sentido imediatamente.

INFORMAÇÃO

O ClubHouse é a rede dos áudios e que se organiza por salas temáticas. Você pode ter a sua ou ser convidado para falar em uma cheia de gente. Mas aí precisa ter autoridade.

O YouTube é a rede dos vídeos, a mais acessada do mundo. Em 2020, o Youtube conta com 1,9 bilhão de pessoas. A pesquisa Video Viewers, divulgada de setembro de 2019, revelou que o consumo de vídeo na web cresceu 165% no Brasil entre 2014 e 2019, enquanto o de programação de TV aumentou apenas 25% no período. A cada dia, mais pessoas veem vídeos no Youtube. Portanto, esta rede é para a sua mensagem em audiovisual e ela valoriza quem publica com regularidade. Quanto mais você publicar vídeos no Youtube, mais a rede vai distribuir o seu conteúdo.

Logo, se a ideia é usar a internet para divulgar sua mensagem, você tem que saber que não precisa escolher uma só rede social. Precisa saber produzir para cada uma delas, respeitando suas características.

Então... de acordo com a mensagem que você tem, qual é a sua Cafarnaum?

Consistência e continuidade

São muitos os desafios para quem quer comunicar ideias. Além de escolher a melhor linguagem e o melhor lugar para disparar sua mensagem, é preciso manter a consistência e ter continuidade. Os três trechos bíblicos a seguir são muito significativos quando analisamos a mensagem que o Rabi divulgava. O primeiro reflete algo que ocorreu bem no início de sua trajetória. O segundo registra um embate que Jesus teve com líderes religiosos da época. O terceiro mostra Jesus diante de Pilatos, o procurador romano, que participou de sua condenação.

> [...] no dia de sábado entrou na sinagoga, como era seu costume. E levantou-se para ler. Foi-lhe entregue o livro do profeta Isaías. Abriu-o e encontrou o lugar onde está escrito:
> "O Espírito do Senhor está sobre mim, porque ele me ungiu para pregar boas-novas aos pobres.
> Ele me enviou para proclamar liberdade aos presos e recuperação da vista aos cegos, para libertar os oprimidos e proclamar o ano da graça do Senhor".
> Então ele fechou o livro, devolveu-o ao assistente e assentou-se. Na sinagoga todos tinham os olhos fitos nele. (Lucas 4.16-20)
> Certo dia, quando Jesus estava ensinando o povo no templo e pregando as boas-novas, chegaram-se a ele os chefes dos sacerdotes, os mestres da lei e os líderes religiosos, e lhe perguntaram: "Com que autoridade estás fazendo estas coisas? Quem te deu esta autoridade?"
> Ele respondeu: "Eu também farei uma pergunta; digam-me: O batismo de João era do céu, ou dos homens?"
> Eles discutiam entre si, dizendo: "Se dissermos: Do céu, ele perguntará: 'Então por que vocês não creram nele?' Mas se dissermos: Dos homens, todo o povo nos apedrejará, porque convencidos estão de que João era um profeta".
> Por isso responderam: "Não sabemos de onde era".
> Disse então Jesus: "Tampouco direi com que autoridade estou fazendo estas coisas". (Lucas 20.1-8)

INFORMAÇÃO

Pilatos então voltou para o Pretório, chamou Jesus e lhe perguntou: "Você é o rei dos judeus?"

Perguntou-lhe Jesus: "Essa pergunta é tua, ou outros te falaram a meu respeito?"

Respondeu Pilatos: "Acaso sou judeu? Foram o seu povo e os chefes dos sacerdotes que o entregaram a mim. Que foi que você fez?"

Disse Jesus: "O meu Reino não é deste mundo. Se fosse, os meus servos lutariam para impedir que os judeus me prendessem. Mas agora o meu Reino não é daqui".

"Então, você é rei!", disse Pilatos.

Jesus respondeu: "Tu dizes que sou rei. De fato, por esta razão nasci e para isto vim ao mundo: para testemunhar da verdade. Todos os que são da verdade me ouvem".

"Que é a verdade?", perguntou Pilatos. Ele disse isso e saiu novamente para onde estavam os judeus, e disse: "Não acho nele motivo algum de acusação". (João 18.33-38)

O Mestre tinha uma mensagem central: Ele é o Filho de Deus que veio ao mundo morrer para pagar os pecados da humanidade e voltar para os céus. Muitos de nós entendemos que pecado são atitudes que vão contra a moral, como o roubo e o adultério. Mas isso, à luz da sabedoria milenar, são consequências do pecado. Pecado é "errar o alvo", e o alvo é Deus. Quem não está indo nessa direção está em pecado e acaba cometendo atitudes condenáveis pela moral. O que nos importa aqui é entender que essa mensagem esteve com Jesus do início ao fim de sua vida na terra. Nos dois primeiros textos, a mensagem de Cristo é apresentada como "boas-novas".

Quando ele começou a falar de suas ideias, anunciava essa mensagem. Diante da pressão e dos questionamentos dos fariseus, ele não se abateu, mas seguiu divulgando as "boas-novas". E mesmo frente a frente com Pilatos, sabendo que sua vida estava sendo julgada, o Rabi não mudou seu discurso: "o meu Reino não é deste mundo". O Reino do Mestre, como diz a Bíblia, é o Reino dos céus, para onde ele promete levar todos os que creem em suas palavras.

A continuidade e a consistência da mensagem de Jesus são exemplares. Em todo o tempo, o filho de Maria foi fiel ao seu assunto. Nem diante da pressão dos homens ou de grandes oportunidades ele fugiu de seu tema.

> A moda, que chega e vai embora, nunca será melhor do que a continuidade e consistência.

Hoje em dia, é fácil ver pessoas abandonando seus assuntos diante de uma "boa oportunidade de aparecer". Elias, um profeta que viveu séculos antes de Cristo, é admirado até hoje. A fama dele é maravilhosa. Em determinando momento, as pessoas acharam que Jesus era Elias. Ele poderia ter aproveitado essa boa chance e pegado carona na fama de um grande personagem, amado em todo o Israel. Mas não. Jesus seguiu com sua mensagem, divulgando quem ele era.

Imagine o caso de um médico que está sempre postando sobre sua profissão e, durante uma Copa do Mundo ou Olimpíada, resolve publicar críticas esportivas! Além de causar estranheza no público, ele deixará de abastecer sua audiência com o assunto que ela espera receber ali.

INFORMAÇÃO

Depois do encerramento do Mundial ou dos Jogos Olímpicos, esse conteúdo esportivo tende a sumir. Quem chegou às redes dele por causa desse tipo de postagem, vai abandoná-lo rapidamente. Ser fiel ao seu assunto é também uma forma de respeitar sua audiência. A moda, que chega e vai embora, nunca será melhor do que a continuidade e consistência, ou seja, nunca será melhor do que seguir entregando o que sua audiência quer consumir. Anote aí: **é preciso ter consistência e continuidade.**

Sem unanimidade

Além disso, anote também: você não terá ou não será unanimidade sempre. É possível que em algum momento todos concordem com você, que em alguma situação sua opinião seja aceita por todos e que as pessoas à sua volta, todas elas, acreditem que o que você disse ou fez é certo. Mas isso não vai durar para sempre. Em muitos momentos, sua posição, sua opinião e sua mensagem vão incomodar muitas pessoas. Foi assim com o maior comunicador de todos os tempos, que veio ao mundo, veja só, falar de amor e oferecer a vida eterna nos céus. Quem pode se opor a ideias tão maravilhosas? Mas, como mostra a vida do Rabi, isso aconteceu. Ele foi morto numa cruz, com requintes de crueldade, por causa de suas palavras.

Contudo, apesar de toda adversidade e injustiça que vemos na história, ninguém pode negar que Jesus venceu. A mensagem dele se espalhou pelo mundo e enche as pessoas de esperança até hoje, dois mil anos depois de sua crucificação.

Há uma frase que ajuda a ilustrar bem a perplexidade e confusão das pessoas em relação a ele, o Maior de Todos.

Como diz João 6.51, o Nazareno afirmou: "Eu sou o pão vivo que desceu do céu; se alguém comer deste pão, viverá para sempre. Este pão é a minha carne, que eu darei pela vida do mundo". Hoje em dia, é muito fácil compreender o que ele estava querendo dizer. Mas, no século I, ninguém entendeu a metáfora, pensando que o filho de Maria estava defendendo o canibalismo. Será que Jesus não poderia ter usado outra forma de dizer isso, evitando a confusão? Acredito que não. Nesse caso, ele sabia o efeito que seu discurso teria, e isso abriria as portas para consolidar sua mensagem e o cerimonial que cristãos de todo o mundo fazem até hoje para se lembrar do sacrifício do Nazareno, a ceia do Senhor, quando é servido um pedaço de pão (representação da sua carne) e o vinho ou suco de uva (símbolo do seu sangue). A história segue assim:

> Então os judeus começaram a discutir exaltadamente entre si: "Como pode este homem nos oferecer a sua carne para comermos?"
> Jesus lhes disse: "Eu digo a verdade: Se vocês não comerem a carne do Filho do homem e não beberem o seu sangue, não terão vida em si mesmos. [...]
> Ele disse isso quando ensinava na sinagoga de Cafarnaum.
> Ao ouvirem isso, muitos dos seus discípulos disseram: "Dura é essa palavra. Quem pode suportá-la?" Sabendo em seu íntimo que os seus discípulos estavam se queixando do que ouviram, Jesus lhes disse: "Isso os escandaliza? Que acontecerá se vocês virem o Filho do homem subir para onde estava antes?" [...]
> Daquela hora em diante, muitos dos seus discípulos voltaram atrás e deixaram de segui-lo.

INFORMAÇÃO

Jesus perguntou aos Doze: "Vocês também não querem ir?" Simão Pedro lhe respondeu: "Senhor, para quem iremos? Tu tens as palavras de vida eterna". (João 6.52,53,59-62,66-68)

Com esse discurso, o Mestre deixou de ser unanimidade entre os que o seguiam. Muitos o abandonaram. A boa notícia é que os que ficaram foram os que realmente creram no Rabi e, de tal forma, que foram os responsáveis por multiplicar o alcance das palavras dele.

Às vezes, a verdade não é popular, mas necessária. Naturalmente, ela não irá gerar unanimidade. O mais importante, contudo, não é tentar agradar a todos, mas ser fiel à sua mensagem e ao seu rumo.

Nessa passagem, Jesus prova também que era um grande influenciador. Pois, apesar da mensagem dura, como uns definiram, muitos continuaram seguindo o Nazareno e ouvindo suas palavras. Nesse momento, Jesus pergunta aos seus discípulos se ainda havia entre eles alguém que desejasse parar de segui-lo. Um deles responde com uma pergunta. Considero linda essa passagem. O discípulo diz: "Para quem iremos?". É como quem diz: "Não há lugar melhor onde estar do que aqui, contigo".

> O mais importante não é tentar agradar a todos, mas ser fiel à sua mensagem e ao seu rumo.

Agora, veja este outro curioso trecho bíblico. São palavras do próprio Mestre:

"Não pensem que eu vim trazer paz à terra; não vim trazer paz, mas espada. Pois eu vim para fazer que 'o homem fique contra seu pai, a filha contra sua mãe, a nora contra sua sogra' ". (Mateus 10.34,35)

Essa passagem causa estranheza e confunde muita gente. Foi Jesus mesmo que disse isso? Mas ele não era bonzinho? Sim. Foi ele. A explicação é a seguinte: a verdade do Rabi revelava a mentira e prejudicava a vida de muita gente, como a dos religiosos. Estes, por exemplo, cobravam para perdoar os pecados. Afinal, o pecador tinha que comprar um animal e levar para ser sacrificado; Jesus perdoava de graça. Os religiosos faziam rituais de purificação para doentes; Jesus curava usando a fé. Logo, os impuros não dependiam mais dos religiosos. Então, entenda isto: quando você faz o bem de graça, acaba atravessando o caminho dos que cobram por isso. Quando você fala a verdade, acaba prejudicando quem vive da mentira. A verdade rouba a paz do mentiroso. É sobre isso que o Nazareno está falando nesse trecho.

No entanto, o método do Rabi supera qualquer dificuldade e garante que a mensagem será transmitida por causa de suas características e decisões. A comunicação que influencia pessoas não perde o foco, não investe em preconceito nem em disputas políticas. O método do Rabi não permite que o comunicador seja afetado por ofensa, rejeição, perseguição, muito menos pela fama.

> O comunicador que tem o que dizer vence qualquer obstáculo em nome da sua mensagem.

INFORMAÇÃO

Uma das chaves do sucesso do Mestre é que ele e a sua mensagem se mesclam em uma mesma pessoa. Jesus veio ao mundo em carne e osso como todos nós. Ele sentiu o que sentimos. Ele sofreu mais do que muitos de nós. Contudo, nunca deixou que isso o afetasse a ponto de prejudicar sua mensagem. Porque a mensagem era ele próprio. Ao fazer isso, o Rabi fez seguidores que se multiplicaram e espalharam-se pelo mundo.

O comunicador que verdadeiramente tem o que dizer vence o orgulho, o medo, a mágoa, a raiva e a sede de vingança em nome do que realmente importa: sua mensagem.

Jesus era a própria mensagem e ele viveu de acordo com ela. Foi por isso que venceu o mundo.

CONCLUSÃO

Se você chegou até aqui, já sabe a importância de definir seu rumo, formar sua base, conquistar autoridade e divulgar sua informação. Sabe como descobrir e entregar sua mensagem. Com todas essas lições em mãos, pense em construir uma escada para o seu sucesso. E não entenda sucesso como dinheiro, fama ou poder. É claro que ricos, famosos e poderosos têm sucesso e são felizes. Mas não são esses fatores que determinam a felicidade plena e a conquista da realização. Não quero ser simplista, demonizar a riqueza e ser romântico com a pobreza, mas conheço pessoas que moram em favelas e são felizes, como também conheço ricos que tomam antidepressivos e já tentaram se matar. Por mais que seja muito bom não nos preocupar em como vamos pagar as contas no fim do mês, a felicidade não está no acúmulo de dinheiro, de fama ou de poder. Sucesso é fazer aquilo que você nasceu para fazer. Quando isso acontece, você vive em paz, feliz e extremamente realizado. Isso é muito, mas muito melhor do que dinheiro.

O sonho que você tanto deseja talvez não seja realizado da noite para o dia. Muito provavelmente, não será. Jesus esperou trinta anos para disparar sua mensagem. Antes, aprendeu um ofício, o de carpinteiro, levou uma vida simples em Nazaré, aprendeu a se relacionar com a vizinhança. Quando começou a divulgar sua mensagem, ele parecia tão especial que seus vizinhos de Nazaré não conseguiram acreditar que Jesus era o Salvador; afinal, para eles, ele era só o "filho do carpinteiro". O Rabi, ao revelar seu rumo, certamente mudou. Mas, para chegar aonde chegou, trilhou um longo caminho por trinta anos. Três décadas de aprendizado e amadurecimento até que, enfim, chegasse a sua hora.

Muitos de nós farão tentativas antes de descobrir sua mensagem, seu grande projeto ou propósito de vida, e muitos irão falhar. Essas experiências podem ser traumáticas, mas também podem se tornar grandes degraus de aprendizado. Certa vez, conversei com um empresário do Rio de Janeiro que, aos 34 anos, tinha uma empresa avaliada em mais de US$ 1,5 bilhão.

A empresa dele, um verdadeiro sucesso, é do ramo de pagamentos eletrônicos. Mas ele me contou que aquela era a sexta empresa que ele tinha criado. Todas as outras cinco faliram. Esse empresário, no entanto, entendia que o conhecimento adquirido nessas experiências empresariais foram fundamentais para o sucesso de sua nova empresa. Ele, sem perceber, foi criando uma escada para o sucesso.

No caso desse empresário, o êxito está atrelado a uma empresa bilionária. Mas, como eu disse, sucesso nem sempre é dinheiro ou fama; é fazer aquilo que você nasceu para fazer.

Veja outro exemplo, o de Pedro, o apóstolo de Cristo. Ele era pescador e virou pescador de homens. Em determinado

CONCLUSÃO

momento, o Rabi disse a ele: "Pedro, cuide de meus cordeiros". O pescador virou "pastor", uma metáfora de líder cristão. Ele se tornou o homem sobre o qual foi erguida a igreja de Jesus. Para os católicos, Pedro é considerado o primeiro papa. Agora, pense no caminho que Pedro percorreu de pescador a principal líder da igreja de Jesus. Logo que conheceu o Rabi, certamente não teria conseguido. Ele precisou passar por um processo evolutivo, como aconteceu com o empresário que citei anteriormente.

Agora veja o caso de Lucas. Ele era um médico grego que viveu na época de Jesus, mas não o conheceu pessoalmente. Lucas era médico, curava pessoas. Tinha uma carreira promissora. Mas ao conhecer Paulo de Tarso, o apóstolo, deixou a profissão de lado e se tornou discípulo dele. Encantado com a história do Mestre, Lucas foi a Jerusalém e, como se fosse um bom repórter ou minucioso pesquisador, entrevistou pessoas que conviveram com o Rabi. Depois, o médico grego escreveu, por volta de 55 d.C., uma carta com as informações que colheu e a endereçou ao "excelentíssimo Teófilo". Essa carta é conhecida como o Evangelho de Lucas e está na Bíblia, o livro mais vendido de todos os tempos. Lucas era médico, foi discípulo de Paulo e entrou para a história como um dos biógrafos de Jesus. Percebe a escada que ele percorreu? E mais: Lucas não ganhou um centavo de direitos autorais, mas ajudou a espalhar pelo mundo a maior história de todos os tempos. Dinheiro nenhum compra essa realização.

Construa uma escada para o seu sucesso. O primeiro passo é muito importante, o mais importante. Ele pode ser pequeno.

Tudo bem. Mas, em breve, você terá segurança e dará passos maiores, e outros passos mais, todos na direção do seu sonho.

Por fim, saiba que no caminho entre o ponto em que está hoje e o ponto ao qual quer chegar você poderá esbarrar em um imenso obstáculo: a ideia de que você não é capaz. Esse pensamento é uma enorme pedra na estrada da vida.

Muitos acham que, por não terem estudado formalmente ou cursado as melhores escolas e faculdades, nunca irão conseguir ser bons em comunicar suas ideias e projetos.

Vou recorrer à história de Jesus mais uma vez para lhe dar a chave que vai mudar sua forma de pensar: não importa de onde você veio; importa o que você absorveu e aplicou no caminho. A história do Messias prova isso.

Quando Jesus estava prestes a nascer, José e Maria foram a Belém, onde participariam de um recenseamento. Eles não eram ricos. José era carpinteiro, e ficaram sem escolha quando o menino resolveu nascer naquela viagem. Por causa do recenseamento, havia muitas pessoas naquela região, e as hospedarias estavam lotadas. Essa história é bem famosa: por falta de lugar, Jesus nasceu numa estrebaria.

> Não importa de onde você veio,
> importa o que você absorveu
> e aplicou no caminho.

Ao longo dos anos, ouvimos essa história muitas vezes. Basta chegar dezembro e o clima de Natal. Tantas e tantas vezes que as palavras "estrebaria" e "manjedoura" já soam familiares

CONCLUSÃO

aos nossos ouvidos. Quando passamos por um presépio, vemos um boneco do menino Jesus num bercinho com palha ou um paninho. É fofo, mas é apenas uma representação.

A manjedoura, em outras palavras, é um cocho de madeira onde se coloca a comida dos animais. Imagine o cheiro dela. Pense nessa manjedoura usada no século I, quando as normas de higiene que conhecemos não eram exigidas. Imagine o aspecto daquela madeira. Um horror! Certamente era algo em que não gostaríamos de encostar a mão, não é mesmo?

Pois é. Mas foi justamente nesse lugar que um bebê foi colocado. Chegou ao mundo e foi para uma manjedoura. Jesus nasceu em Belém e cresceu em Nazaré, uma cidade pequena, sem nenhuma importância social ou política em Israel e alvo de feroz preconceito.

Em João 1, há uma passagem que mostra bem isso. Filipe, um dos seguidores de Jesus, diz a um amigo, chamado Natanael, ter encontrado o Messias. Os judeus daquela época, que viviam sob domínio do Império Romano, sonhavam com a chegada de um libertador. Naquele momento, Filipe estava dizendo que havia encontrado o tão esperado líder, como lemos em João 1.45,46:

> "Filipe encontrou Natanael e lhe disse: 'Achamos aquele sobre quem Moisés escreveu na Lei e a respeito de quem os profetas também escreveram: Jesus de Nazaré, filho de José'. Perguntou Natanael: 'Nazaré? Pode vir alguma coisa boa de lá?'".

Reparou na reação de Natanael? Ele disse: "Pode vir alguma coisa boa de lá [Nazaré]?".

A cidade em que Jesus vivia era tão mal falada que tinha gente que não acreditava que algo bom podia vir de lá. Para estudiosos, como os da equipe do portal "A Bíblia.org", um dos motivos dessa repulsa era o fato de que Nazaré abrigava uma mistura de povos, que se casavam entre si e tinham filhos. Os judeus de outras partes do país só admitiam a possibilidade de um judeu se casar com uma judia, e vice-versa.[1] Reprovavam por completo a prática comum de Nazaré e, claro, falavam mal da cidade.

Agora, pense no nascimento de outros bebês, que vieram ao mundo décadas, séculos atrás, mas tiveram, digamos, uma chegada melhor que a do filho de Maria. Você consegue imaginar como era o nascimento, por exemplo, de um bebê da linhagem de um faraó?

Podemos pensar em Nectanebo II, que morreu em 343 a.C. e foi o último faraó da 30ª dinastia egípcia. Ele era neto do faraó Nectanebo I. Em geral, os faraós tinham mais de um palácio, e o bebê viria ao mundo em um deles. Esses líderes egípcios se dedicavam a rituais religiosos (eles se consideravam deuses) e ao trabalho militar. Imagino que, na hora da chegada de um filho, que um dia herdaria tudo aquilo, promoviam uma celebração religiosa, com militares, servos e escravos por todos os lados. A mobília do palácio era feita de material nobre, como o cedro e o ébano, com detalhes em marfim e ouro. Muito diferente da manjedoura do filho de Maria. Naquela civilização, o faraó era, ao mesmo

---

[1] Disponível em: https://www.abiblia.org/ver.php?id=6530. Acesso em: 13 maio 2021.

CONCLUSÃO

tempo, líder religioso, chefe da Justiça, general do Exército e dono do reino. Imagine a bajulação que os filhos recebiam ao nascer. Cresciam cheios de regalias, banquetes diários e ensinamentos sobre as ciências da época.

Agora pense no caso de Cômodo (161-192), que foi imperador de Roma entre 180 e 192 e nasceu quando seu pai, Marco Aurélio (121-180), era o imperador romano, a maior potência da época. Ele nasceu cercado de pompa e luxo na comuna Lanúvio, região do Lácio, província de Roma. Recebeu a melhor educação da época e cresceu protegido por nada mais, nada menos, que os soldados romanos. Quando cresceu, tornou-se um homem mau e cruel. Acabou conhecido por sua maldade e inspirou o vilão de *Gladiador*, o filme de Ridley Scott, lançado em 2000.

Nectanebo II e Cômodo nasceram em "berço de ouro". O primeiro, antes de Cristo. O segundo, um pouco depois que o Nazareno. Tiveram, portanto, dois milênios para que suas mensagens ou fama chegassem até nós. E elas chegaram, mas, desses três, quem é o mais conhecido hoje em dia e em todo o mundo? Qual desses três tem sua história cultuada hoje e sua mensagem espalhada pela terra?

Jesus.

A origem simples do Nazareno não o impediu de se tornar o maior comunicador de todos os tempos. Não ache que essa argumentação é defesa do nosso moderno conceito de meritocracia. Vivemos em uma sociedade em que a ascensão social é difícil, a educação de qualidade não é para todos, muito menos as melhores oportunidades de emprego. Não ignoro o nosso injusto sistema social.

Citei esses exemplos aqui para que você vença o obstáculo da baixa autoestima e a ideia de que "você não vai conseguir por isso ou aquilo".

> A sua mensagem é muito mais importante do que o lugar de onde você veio.

Neste livro, você aprendeu a importância de definir seu Rumo, construir Autoridade, fortalecer sua Base e entregar Informação. É o Método Rabi, a estratégia de Jesus, o Maior Comunicador de Todos os Tempos.

Aplique as lições que aprendeu com o Mestre no seu dia a dia e coloque a sua rota na direção do sucesso.

Esta obra foi composta em *Minion Pro*
e impressa por Promove Artes Gráficas sobre papel
Pólen Soft 70 g/m² para Editora Vida.